U0963351

美洲印第安语言手册导论

[美] 弗朗兹·博厄斯 著
王世昌 译

山东大学出版社
SHANDONG UNIVERSITY PRESS
·济南·

图书在版编目 (CIP) 数据

美洲印第安语言手册导论：汉英对照/（美）弗朗兹·博厄斯著；王世昌译. —济南：山东大学出版社，2022.6

ISBN 978-7-5607-7544-9

Ⅰ. ①美…　Ⅱ. ①弗…　②王…　Ⅲ. ①美洲印第安语－研究－汉、英　Ⅳ. ① H83

中国版本图书馆 CIP 数据核字（2022）第 122404 号

责任编辑　孙艳凤
封面设计　王秋忆

出版发行　山东大学出版社
社　　址　山东省济南市山大南路 20 号
邮政编码　250100
发行热线　(0531)88363008
经　　销　新华书店
印　　刷　济南华林彩印有限公司
规　　格　880 毫米 × 1230 毫米　1/32
　　　　　10 印张　210 千字
版　　次　2022 年 6 月第 1 版
印　　次　2022 年 6 月第 1 次印刷
定　　价　65.00 元

版权所有　侵权必究

译者前言

《美洲印第安语言手册导论》在语言学史上占有重要地位，它是美国描写语言学的开端，是一部纲领性、原典性的文献。作者弗朗兹·博厄斯（Frans Boas, 1858—1942）是美国描写语言学的先驱。他的专业领域首先是人类学，有“美国人类学之父”的美誉，他的语言学理论是和人类学紧密结合在一起的，所以本书也是人类语言学的经典文献。本书不但具有人类语言学特色、体现描写语言学精神，还包含着社会语言学、文化语言学和认知语言学思想。

普通语言学分为描写语言学和比较语言学（包括历史比较语言学）两个门类，其中描写语言学是基础，因为只有在描写的基础上才能比较。语言学的交叉学科和应用学科也是以描写语言学为基础。不管有多少新奇、时髦的语言学理论出现都无法改变描写语言学的基础地位。虽然美国描写语言学被视为索绪尔（Ferdinand de Saussure, 1857—1913）开创的结构主义语言学的一个流派，但其发展却有自己的传统，这个传统便始于本书。本书问世于 1911 年，是《美洲印第安语言手册》（*Handbook of American Indian Languages*）的导论，比索绪尔《普通语言学教程》（1916）的出版还早 5 年。其先虽有惠特尼（William Dwight Whitney, 1827—1894）的《语言和语言研究》（*Language and the Study of Language*，1867）以及《语言的生命与成长》（*The Life and Growth of Language*，1875），但它们仍属历史比较语言学。其后布龙菲尔德（Leonard Bloomfield, 1887—1949）的《语言研究导论》（*An Introduction to the Study of Language*）于 1914 年出版，早索绪尔《普通语言学教程》两年；再之后萨丕尔（Edward Sapir, 1884—1939）的《语言论：言语研究导论》（*Language: An Introduction to the Study of Speech*）于 1921 年出版，再之后布龙菲尔德在《语言研究导论》的基础上修订而成的《语言论》（*Language*）于 1933 年出版，标志着美国描写语言学发展的成熟。

鉴于本书的重要性，我曾急切地想找来一读，然而找到的只是一些简略的介绍，未见译本。只好找来原著，硬着头皮去读，却发现套叠长句比比皆是，作者似乎在努力将一整段话塞进一个句子之中，读起来一不小心便会迷失在复杂的句子结构之中，习惯了短句便难免会觉得它的语言晦涩难以卒读。加之，百年老书，难免有些术语异于今日，也给阅读带来了不便。但本书无论如何都是值得细读的。想到还会有人遭遇和我一样的困难，这才不揣浅陋决心将其翻译成中文。另外，自2019年秋我在山东大学文学院开设“《普通语言学教程》导读”原典课以来，我对语言学理论经典文献的兴趣与日俱增，深感其中蕴含着宝贵的精神财富，这也是促使我翻译本书的原因。

有的书翻译起来如闲庭信步，有的像爬陡坡，有的似攀危岩。本书虽小，翻译起来却有攀岩之感。以前读到有译者认为译书难于著书，颇不以为然，等到自己有了译书经历之后，却深有同感。著书虽是苦差，文思泉涌之时，也有激扬文字的快感，而译书则完全没有这种愉悦，只有一种咬文嚼字、负重前行的艰辛。著书之时，作者自由裁量的权力很大，译书则只能沿着既定的路线前进，纵遇艰难险阻也绝无回旋余地。那些不时出现的艰涩词句如同密文，只能搜肠刮肚、绞尽脑汁地进行“破译”。纵使尝遍了种种困难的滋味，也总有挥不去的隐忧，生怕误解文意，造成谬误，亵渎了经典。

此书的翻译断断续续持续了两年多的时间。先通读并整理英文文本，然后逐词逐句地翻译了三遍，字斟句酌地润饰了三遍，又请师友审读，参考他们的意见进行完善，终成现在的样子。严格地讲，语言是不能翻译的，译文只是参考，有条件还当读原著，特附上英文原文以便对照。由于水平有限，译文必有不精当之处，恳请广大师友赐教，以便修订。经典著作通常会有多个译本，此译本权当抛砖引玉吧。

本书据弗朗兹•博厄斯主编的《美洲印第安语言手册》第一卷中的导言部分译出，该书于1911年由位于美国华盛顿特区（Washington, D. C.）的“政府印刷局”（Government Printing Office）出版。译文中，统一为图表添加了标题，参考文献格式遵照原文。

山东大学杨振兰教授、济南大学蒋莹博士通读了译稿，提出了宝贵的修改意见，谨致谢忱！本书的翻译和出版得到了下列项目的支持：山东大学教育教学改革研究项目“双语对照原典语料库的建设及其在原典课中的应用”（2021Y050），山东大学文学院原典课建设项目“《普通语言学教程》导读”，山东大学文学院科研项目“北方方言词汇计量比较研究”。

王世昌

2022年3月10日

目　录

第一章　种族和语言　1

1.1　确定美洲种族身份的早期尝试 …… 1

1.2　基于体格类型、语言以及风俗的分类 …… 3

1.3　体格类型、语言以及风俗之间的关系 …… 5

1.4　体格类型、语言和文化原本相关假说 …… 11

1.5　所有人类分类的人为性 …… 15

第二章　语言的特性　17

2.1　语言的定义 …… 17

2.2　语音的特性 …… 18

2.3　语法范畴 …… 32

2.4　语法范畴的讨论 …… 50

2.5　语法范畴的解释 …… 63

第三章 语言的分类 67

3.1 同源语的起源 · · · · · · · · · · · · · · · · · · 67

3.2 不同语言间的比较 · · · · · · · · · · · · · · · · 69

3.3 语言间的相互影响 · · · · · · · · · · · · · · · · 73

3.4 相似性的起源；通过散播或平行发展 · · · · · · 78

3.5 环境对语言的影响 · · · · · · · · · · · · · · · · 81

3.6 共同精神特征的影响 · · · · · · · · · · · · · · · 86

3.7 语系定义的不确定性 · · · · · · · · · · · · · · · 88

第四章 语言学和民族学 91

4.1 民族学对语言学研究的实际需要 · · · · · · · · · 91

4.2 语言学研究的理论重要性 · · · · · · · · · · · · 97

第五章 美洲语言的特点 115

1 RACE AND LANGUAGE 133

1.1 Early Attempts to Determine the Position of the American Race · · · · · · · · · · · · · · · · · · · 133

1.2 Classifications Based on Physical Type, Language, and Customs · 136

1.3 Relations between Physical Type, Language, and Customs · 138

1.4 Hypothesis of Original Correlation of Type, Language, and Culture · · · · · · · · · · · · · · · · · · 146

1.5 Artificial Character of All Classifications of Mankind 151

2 THE CHARACTERISTICS OF LANGUAGE 153

2.1 Definition of Language · · · · · · · · · · · · · · · 153

2.2 Character of Phonetics · · · · · · · · · · · · · · · 154

2.3 Grammatical Categories · · · · · · · · · · · · · · · 171

2.4 Discussion of Grammatical Categories · · · · · · · 193

2.5 Interpretation of Grammatical Categories · · · · · 207

3 CLASSIFICATION OF LANGUAGES 211

3.1 Origin of Dialects · · · · · · · · · · · · · · · · · · 211

3.2 Comparison of Distinct Languages · · · · · · · · · 213

3.3 Mutual Influences of Languages · · · · · · · · · · · 218

3.4 Origin of Similarities; by Dissemination or by Parallel Development · · · · · · · · · · · · · · · · · 224

3.5 Influence of Environment on Language · · · · · · 229

3.6 Influence of Common Psychic Traits · · · · · · · · · 236

3.7 Uncertainty of Definition of Linguistic Families · · 239

4 LINGUISTICS AND ETHNOLOGY 241

4.1 Practical Need of Linguistic Studies for Ethnological Purposes · 241

4.2 Theoretical Importance of Linguistic Studies · · · 249

5 CHARACTERISTICS OF AMERICAN LANGUAGES 271

附 录 词汇对照表 293

第一章　种族和语言

1.1　确定美洲种族身份的早期尝试

哥伦布（Christopher Columbus）开启了他前往印度地区（Indies）的航程，扬帆西行，发现了美洲（America）海岸，他看到了一个新的人类种族（race），其在类型（type）、文化（culture）以及语言（language）方面与之前已知的任何种族皆不相同。这个种族既不与欧洲类型（European type）相似，也不与黑种人相仿，还不与南亚（southern Asia）的那些更为人熟知的种族相像。随着西班牙人（Spanish）对美洲的征服不断深入，美洲大陆上的其他民族逐渐被这些入侵者了解；这些民族外表上都显示出某种程度的相似性，这使得西班牙人用"Indios"（印第安人）一词来称呼他们——这个地区被当作印度（India）的一部分，而他们则是这个地区的居民。就这样，这个错误的地理术语被应用于“新世界”（New World）居民的身上；并且因为他们在外表方面与其他种族的差异，以及他们在文化和语言上的独特性，他们被视为一个种族单位（racial unit）。

当对新世界的发现扩展到了更为广阔的地域的时候，同样的观点仍然流行。西班牙人和葡萄牙人（Portuguese）在南美洲（South America）接触到的人与北美洲（North America）北部的居民似乎有很多共同特征，以至于他们被轻易地与最初发现的土著人归为一类，并被认为是人类的一个单一的种族。

直到我们关于印第安部落（Indian tribe）的认识增加以后，定居于美洲大陆的各种类型的人之间的差异才为人所知。在文化程度以及语言方面的差异，在早期即被认识到。很久以后我们才意识到，美洲大陆上的印第安人（Indian）之间在类型上的差异和其他种族成员之间的差异一样多。

当研究者们开始关注这些问题，美洲土著人在人类种族之中的地位难题引起了相当大的兴趣，关于他们的起源以及相互关系的推测甚至出现在了新世界的早期描述之中。

在那些早期尝试中，我们发现了为证明印第安人某些信仰（belief）和风俗（custom）与旧世界（Old World）一致的特别的努力。这些一致性被认为是印第安人属于《圣经》历史中所列举的种族之一的证据，认为他们是以色列（Israel）遗失部落的学说被频繁提及，并持续了很长时间。新世界语言和旧世界语言之间的相似性被以同样的方式探寻，很多研究者直到现在仍然相信他们已经确立了这种关系。人们也尝试去证明美洲种族和其他种族在外表上的相似性，并以此来确定他们在旧世界种族中的位置。

1.2　基于体格类型、语言以及风俗的分类

确定不同种族之间的关系所涉及的问题通过两种不同的观点进行研究：一种是尝试在人类种族分类系统中为一个种族指定一个明确的位置，另一种是在可获得的数据所允许的范围内尽可能远地回溯这个种族的历史。

对人类进行分类的尝试数量众多。且不说基于《圣经》传统的分类，单单考虑一下那些基于科学讨论的分类，我们从中发现了很多基于人类解剖学特征（anatomical characteristic）的比较并结合地理方面的考虑的分类尝试；还有一些分类尝试是基于对解剖学特征以及文化特征（那些被认为是某特定人类群组特有的特征）的综合讨论；另一些分类则主要基于对那些代表了某种解剖学类型（anatomical type）的人所说的语言的

研究。

像这样的尝试带来了完全不同的结果。布鲁门巴赫（Johann Friedrich Blumenbach）——试图对人类进行分类的最早的科学家之一——最先区分出了五个种族——高加索人种（Caucasian，白种人）、蒙古人种（Mongolian）、埃塞俄比亚人种（Ethiopian，黑种人）、美洲人种（American）和马来人种（Malay）。很明显，这种分类在地理方面的考虑和解剖学方面的考虑同样多，虽然每个种族的描述主要是解剖学方面的。居维叶（Georges Cuvier）区分出了三个种族——白种人（white）、黄种人（yellow）和黑种人（black）。赫胥黎（Thomas Henry Huxley）更为严格地以生物学为基础进行分类。他将布鲁门巴赫的部分蒙古人种和美洲人种合并为了一类，将部分南亚民族归入澳大利亚人种类型（Australian type），并且将欧洲人种进一步细分为深色（dark）人种和浅色（light）人种。欧洲人种类型的数量优势显然导致了他对这个种族的更为细致的区分，他将其划分为黄白人种（xanthochroic race）和淡黑白色人种（melanochroic race）。在其他的种族中也能容易地进行同样程度的细分。更为清楚的是分类中的文化观点的影响，就像戈宾诺（Joseph Arthur de Gobineau）和克列姆（Gustav Friedrich Klemm，他区分出了积极种族和消极种族）根据各种类型的人的文明成就的分类。

从解剖学和语言学观点对人类进行分类的尝试以弗里德里希・缪勒（Friederich Müller）最为典型，他将头发的形态作为他的基本分类的基础，但是所有的次级分类则是基于语言方面的考虑。

1.3　体格类型、语言以及风俗之间的关系

将已经提出的数量众多的分类方案联系起来的尝试清晰地展现出了一种全然的混乱和矛盾。如果解剖学形态、语言和文化都密切相关，并且对人类的划分都是基于某种体格形态（bodily form）、某种文化以及某种语言，并且这三者不可分割，我们可以预期那些各种各样的研究所得出的结果会显示出更好的一致性。从另一个方面看，如果这些导致了人类分类尝试中主要观点的各种现象之间并非密切相关，那么我们自然会去预期那些正如实际发现的那种矛盾以及一致性的缺乏。

所以首先有必要理清解剖学特征、语言以及文化作为对人类进行分类的依据的重要性。

思考一下这些方面的特点在现存种族中的实际发展情况看起来是可取的。

1.3.1 体格类型不变，语言和文化改变

我们现在可以观察到很多语言和文化完全改变但是体格类型（physical type）方面没有相应改变的案例。例如，北美洲黑种人，他们的血统（descent）是非洲的（African），但是文化和语言却基本上是欧洲的（European）。虽然在美洲黑种人中仍可发现某些非洲文化和语言的残存，但他们的文化本质上是他们生活于其中的未教化的阶层的文化，他们的语言则大体上和他们的临近地区的语言一致——依照该大陆不同地区流行的语言，即英语（English）、法语（French）、西班牙语（Spanish）以及葡萄牙语（Portuguese）等。有人可能会提出反对：非洲种族（African race）向美洲的迁移是一个人为事件，在更早先的时候，与此类似的大范围迁移和移民并不曾发生。

然而，中世纪欧洲（medieval Europe）的历史清楚地表明语言和文化的广泛改变曾发生过很多次，但是没有相应的血统（blood）方面的改变。

最近关于欧洲的体格类型的研究十分清晰地表明体格类型的分布已经在很长一段时期内保持不变。如果不考虑细节，可以说阿尔卑斯山类型（Alpine type）一方面可以轻易地和北欧类型（north-European type）区别开来，另一方面又可以轻易地和南欧类型（south-European type）区别开来。阿尔卑斯山

类型在一片广大的地区中显得相当统一，且不管在特定的地区使用何种语言、流行何种民族文化。中欧（Central Europe）的法国人（Frenchman）、德国人（German）、意大利人（Italian）以及斯拉夫人（Slav）如此地接近同一种类型，以至于我们可以放心地假设他们存在相当程度的血统联系，尽管他们的语言各不相同。

在世界上的其他地方也有类似的案例，它们也都保持了血统的不变但在语言和文化方面却有深远的改变。例如锡兰（Ceylon）的维达人（Veddah），这个民族在类型上与临近的僧伽罗人（Singhalese）完全不同，但是他们却采用了僧伽罗人的语言，并且很明显地也借用了一些他们的文化元素。还有一些其他的例子，例如日本（Japan）北部日本人（Japanese）的血统，无疑在很大程度上属于阿伊努人（Ainu）；再例如西伯利亚（Siberia）的尤卡吉尔人（Yukaghir），他们在相当程度上保留着古老的血统，但在文化和语言上却被临近的通古斯人（Tungus）同化。

1.3.2 语言不变，体格类型改变

因此很明显，在很多案例中，一个民族虽未因混杂而经历体格类型方面的明显改变，却可能完全改变了他们的语言和文

化。然而也可举出相反的案例，一个民族可能保留了他们的语言但在血统或文化方面经历了重要的变化，或在两方面都经历了变化。例如欧洲马扎尔人（Magyar），他们保留了原本的语言，却与说印欧语（Indo-European languages）的民族混杂了起来，并且他们事实上也采用了欧洲的文化。

类似的情况一定曾在阿撒巴斯卡（Athapascan）语系（linguistic family）地区普遍发生，阿撒巴斯卡语系是北美洲的大语系之一。属于这一语系（linguistic stock）的大部分人生活在美洲的西北部，同时其他的一些同源语（dialect）被加利福尼亚州（California）的一些小部落使用，还有其他的一些同源语被亚利桑那州（Arizona）和新墨西哥州（New Mexico）的许多人使用。这些同源语之间的关系如此紧密，以至于我们必须将它们看作一个大的群组的分支，并且必须假定所有这些同源语都由一种曾在一片连续区域内使用的语言孳生出来。目前使用这些语言的人在体格类型上有着根本性的差异，马更些河（Mackenzie river）区域的居民与加利福尼亚州的部落十分不同，而加利福尼亚州的部落又与新墨西哥州的部落不同。这些不同区域的文化形态也十分不同；加利福尼亚州阿撒巴斯卡人（Athapascan）的文化与其他的加利福尼亚州部落相似，而新墨西哥州和亚利桑那州阿撒巴斯卡人的文化则被那些区域其他民族的文化影响。对这些案例而言，似乎最为合理的假设是这一语系的不同分支从这一大片区域的一个地方迁移到了另一个地方，在那里他们与临近的民族相混杂，所以改变了他们的体格特征，但与此同时却保留了他们的语言（speech）。由于没有历史证据，这个过程当然无法证明。稍后我还会再提到这个例子。

1.3.3　语言和体格类型的改变

这两类现象（体格类型不变而语言改变和语言不变而体格类型改变）表面上相反，但它们仍然密切关联，在很多情况中，它们同时存在、相伴发生。阿拉伯人（Arab）沿着非洲北海岸的分布便是这种情况的一个例子。大体上，阿拉伯人保留了他们的语言；但与此同时阿拉伯人常与当地种族通婚，所以阿拉伯人的后裔往往在保留了他们原本语言的同时改变了体格类型。另一方面，当地人在某种程度上放弃了自己的语言，但是他们继续通婚所以保留了自己的体格类型。

就此类的任何变化联系着混杂而论，两种类型的变化必然总是同时发生的。它会因为我们的注意力关注这个民族还是另一个民族，而被归类为体格类型的改变或语言的改变；或者，在一些情况中，因为一个变化比另外的那个变化更为显著，而被归类为体格类型的改变或语言的改变。没有民族混杂的完全同化的情况十分罕见——如果不是完全不存在的话。

1.3.4 体格类型和语言不变，文化改变

体格类型和语言不变而文化改变的例子就更多了。事实上，欧洲的整个历史发展，从史前时期以来，就是这种情况的一系列无穷无尽的例子，这种改变似乎更为容易，因为作为模仿的结果，不伴随实际的血统混杂的文化上的同化到处都在发生。文化元素扩散的证据在每一个使用多种语言的文化区域都可发现。在北美，加利福尼亚州为此类现象提供了一个很好的例子；因为那里的人们使用多种语言，并且他们存在着某种程度的体格类型上的差异，但同时也有相当程度的文化同一性。另一个恰当的例子是新几内亚岛（New Guinea）海岸，尽管那里存在着巨大的地方性差异，但某种相当有特色的文化类型在那里流行，同时他们在语言方面又表现出巨大差异。在文明程度更高的民族当中，中国文化（Chinese culture）影响下的整个区域可以作为一个例子。

这些思考已经相当清楚地表明，至少在目前，解剖学类型、语言和文化并不必然具有相同的命运；一个民族可能在体格类型和语言上保持不变，却改变了文化；一个民族也可能在

体格类型上保持不变，却改变了语言；一个民族也可能在语言上保持不变，却改变了体格类型和文化。如果这是事实，那么很显然基于体格类型、语言和文化的当前分布对人类进行分类的尝试，必然会根据所采取的视角的差异而产生不同的结果：一种主要基于体格类型的分类会产生一个在某种程度上准确地代表了人们之间血缘关系的分类系统，而他们之间的血缘关系不见得与他们之间的文化关系一致；同样地，基于语言和文化的分类完全不见得会与一个生物学分类相一致。

如果这是事实，那么类似于被广泛讨论的雅利安（Aryan）问题之类的问题其实并不成立，因为这个问题主要是语言学的问题，与雅利安语言的历史相联系；并且，那种认为在历史上某个成员间总是存在血缘关系的某一确定民族是这种语言的传承者的假设，以及另一种认为某一种文化类型一直属于这个民族的假设，都纯粹是主观臆造的，与观察到的事实并不相符。

1.4　体格类型、语言和文化原本相关假说

虽然如此，我们必须承认，在对人类体格类型、语言以及文化的历史思考中，我们会被引导到一个关于人类早期状况的

假设，即当时每一种体格类型的人与其他体格类型的人比现在疏离得多。由于这个原因，属于单一体格类型的文化和语言与其他类型的文化和语言之间的区别，一定比我们现在所发现的要明显得多。当然，这种状况在任何地方都没有观察到，但是我们关于历史发展的知识总是迫使我们假设它在人类发展的非常早期的时候是存在的。如果这是事实，那么问题就来了：一个孤立的群体，在早期阶段是否一定会以单一的体格类型、单一的语言、单一的文化为特性；或者，在这样一个群体中，是否不同的体格类型、不同的语言、不同的文化可能就已经显现。

如果我们有理由假定，在原始社会中，这三种现象密切相关，人类的历史发展也许会被给予一个更为简单、更为清晰的图景。然而，对于这种假设，我们拿不出证据。正相反，目前的语言分布与体格类型分布的比较，使得以下假设看起来是合理的，即甚至是在人类最早期的时候，生物学单位（biological unit）可能也比语言学单位（linguistic unit）分布范围更大，并且大概也比文化单位分布范围更大。我相信，我们可以有把握地认为在整个世界的范围内生物学单位比语言学单位都大得多。换句话说，那些在体格外貌上密切相关的群体，我们必须将他们视为同一个人类变种的代表，他们所包含的个体数量远比我们知道的在发生学上相关的语言的人类群体多。这种情况的例子在世界上的很多地方都能找到。所以，欧洲种族（这个术语大体包括所有那些被我们毫不迟疑地划归到白色种族中的个体）会包括说印欧语、巴斯克语（Basque languages）以及乌拉尔-阿尔泰语（Ural-Altaic languages）的人。西非黑种人大概代表某一种黑种人的体格类型，但是他们使用着最多样化的语言；在亚洲体格类型中，西伯利亚人大概同样如此；在美洲体格类型中，一部分加利福尼亚州印第安人也是如此。

从掌握的历史证据来看，我们没有理由相信在历史上任何一个时期语言的数量会比现在少。正相反，我们所有的证据都显示，在更早期的时候明显无关联的语言的数量比现在多得多。另一方面，可能已经灭绝的体格类型的数量似乎很少，所以我们没有理由假定在早期的时候不同的语言和不同的解剖学类型之间存在更密切的对应性。于是我们被引向了这样一个结论，即推测起来，在早期的时候，每种人类类型或许以一些小而孤立的群体的形式存在，其中每个群体或许有它自己的语言和文化。

不管它究竟怎样，从可能性上看显然有利于如下假设，即没有必要假定原本每种语言和文化被限定在单一的体格类型上，或者，每种体格类型和文化被限定在一种语言上。简而言之，在任何时候这三种现象之间都存在着密切关联。

体格类型、语言和文化原本密切相关的假设会引出更进一步的假设，即这三种特质大约在同一时期发展起来并且在相当长的时期内同步发展。这个假设似乎并不靠谱。黑人种族和蒙古种族等所代表的人类的基本类型，在那些现在被认为属于不同语系的语言形态形成之前就早已分化。我认为即使是那些大种族的更为重要的分支的分化都先于现存语系。无论如何，生物学意义上的分化和语言形态的形成在人类历史的早期阶段和现在一样受制于同样的原因，我们的所有经验都显示，这些原因在语言上会比在人类的体格上更快地起作用。体格类型和语言之间缺乏关联，即便在体格类型和语系形成时期也是如此，这种理论的主要理由正存在于上述思考之中。

对语言适用的，对文化而言明显更为适用。换言之，如果某种体格类型的人在其语言形成现在可以在相关语言群组（linguistic group）中进行追踪的语言形态之前，在其文化形成现在可以认识到的确切类型之前，就已经在相当大的区域内迁徙了，那么就不可能发现体格类型、语言和文化之间存在相互关联的可能性，即便它确实存在过；但是，这种关联性很可能真的从未存在过。

可以想象的是某一个人种类型在语言的形成时期就已经

散布到一片相当大的区域之中，在这个种族类型的不同群组中发展起来的语言变得如此不同以至于我们现在不能够证明它们在发生学上相关。同样地，文化上新的发展也可能发生，它们可能彻底地与更老的体格类型相脱离，以至于更老的发生学上的联系，即便曾经存在过，也不能再被发现。

如果我们采用这个观点，因而排除了关于原始体格类型（primitive type）、原始语言（primitive language）以及原始文化（primitive culture）之间相关性的假设，那么我们就会认识到包含多于一种上述特征的分类的尝试就不会一致。

可以补充说明的是，这里使用的“文化”这个一般术语可以依据相当多的观点进行细分，当我们分别将发明创造、社会组织的类型、信仰等作为我们分类的主要依据时，我们又可以预期它们会产生不同的结果。

1.5　所有人类分类的人为性

我们因此承认每种人类分类方案都必定或多或少地根据所选用的观点而带有人为性，这种人为性比生物学领域的更为严重，我们发现分类只能是现存体格类型的起源和历史的替代。

于是我们认识到对不同体格类型的人进行比较的根本目的是重建他们的体格类型、语言以及文化的发展史。这些不同特征的历史服从各自的一些变化原因，对每一方面的研究都有望为我们的问题的解决贡献材料。生物学研究可以揭示体格类型间的血缘关系以及它们在社会和地理环境中的变化。语言学研究可以揭露语言的历史，使用这些语言的人和其他民族的接触，以及导致语言分化和融合的原因。而文化的历史则探讨一个民族和其临近民族之间的接触的问题，同时也探讨他们的文明成就的历史的问题。

第二章　语言的特性

2.1　语言的定义

上一章的讨论表明，对语言的单独考虑不能理解为会辨明种族间的血缘关系（blood-relationship）和它们的组成部分的历史，所有我们能期望获得的只能是对语言间关系的清楚理解，且不管这些语言被谁言说使用。

在探讨我们可以在多大程度上重建语言的历史之前，似乎有必要简要描述一下人类语言（human speech）的本质特征。

在我们当前的讨论中，我们不涉及手语（gesture-language）以及音乐性的交际手段（musical means of communication），而只限定在分节语言（articulate speech）的讨论上；即，限定于通过发音器官（articulating organ）——喉部（larynx）、口腔（oral cavity）、舌（tongue）、唇（lip）、鼻（nose）——发出一

些音的组合的方式进行的交际。

2.2　语音的特性

语言是由发音器官发出的一些音（sound）的组合构成的，一部分是由打开或者关闭喉部、咽部（pharynx）、口腔或鼻腔的某些部位或者是通过限制气流通路的某些部分发出的噪音（noise）；另一部分则是由声带（vocal chord）发出的共鸣音（resonant sound）。

2.2.1　音的数量无限

通过这种方式能发出的音在数量上是无限的。在我们自己的语言中，我们只从中选择有限的一些音；例如，有些音，比如 *p*，是通过闭上双唇然后突然打开的方式发出的；其他的音，比如 *t*，是通过使舌尖与腭（palate）的前部接触并在此点形成闭塞，然后突然释放气流发出的。另一方面，一个音可以通过将舌尖置于双唇之间并形成闭塞，然后突然释放气流发出。这个音在我们听来既带有 *t* 的特点，又带有 *p* 的特点，但是它不与其中的任何一个一致。对比一下著名欧洲语言间的音，比如英语、法语和德语；或者甚至是同一语言的不同方言（dialect）

间的音的比较，比如苏格兰语（Scotch）的方言或各种各样的英语方言，都揭示了如下事实：发音的方式会存在相当大的变化，每种方言都有其特有的语音系统（phonetic system），其中的每个音基本上是固定的，虽然它们也会因为偶然或周围音的影响而产生轻微的变化。

2.2.2　每种语言使用的音数量有限

关于人类语言的语音，最为重要的事实之一是，每一种语言都有一组明确而有限的音，在任何一种方言中所使用的不同的音的数量都不会太多。

为了使快速交际成为可能，似乎在音的使用方面的这种限制是必要的。如果在任何一种语言中所使用的音数量是无限的，那么用来发出那些音所需要的复杂机制的动作就可能会缺乏精确度，因而发音的速度和精确度以及与它们相联系的对听到的音进行准确解读的可能性就会小，甚至不存在。另一方面，音的数量的有限性使得发出每一个音的动作成为无意识的（automatic）动作，也使得听到的音和肌肉动作（muscular movement）之间的关联以及对发音（articulation）的听觉印象（auditory impression）和肌肉感知（muscular sensation）之间的关联变得坚实而固定。所以，似乎有限的语音资源对流畅的交际而言是必要的。

2.2.3 所谓的原始语言缺乏音的分化

有人认为这并不是更为原始的类型的语言的特性，尤其是美洲语言的例子经常被拿出来以显示它们发音的精确度要远逊于文明世界的语言。

这种观点似乎在很大程度上基于如下事实，即在美洲语言中出现的某些音，有时被观察者解释为欧洲语言的某一个音，有时又被解释为另一个音。例如波尼语（Pawnee）中有一个音，它听起来大约有时像 *l*，有时像 *r*，有时像 *n*，有时又像 *d*，然而，毫无疑问的是它自始至终是同一个音，虽然它在某种程度上会随着它在词中所处的位置以及周围的音发生变化。它是一个极其弱的 *r*，通过颤音（trill）的方式发出，舌尖位于门牙（incisor）根部稍后一点的位置上，发音的时候舌头几乎不离开腭，这个颤音通过邻接舌尖的侧部发出。一旦这个颤音被更为清晰地听到，我们便接收到了 *r* 的印象。当舌尖的侧部动作占优势，舌尖好像并不离开腭，那么 *l* 的印象是最强的，而当颤音几乎被完全抑制，并且舌尖突然从腭上放下来，那么便产生了 *d* 的印象。*n* 的印象之所以会产生是因为这个音经常伴随一个听得到的经过鼻腔的呼吸音。这个特别的音当然完全不属于我们的语音系统；但是它的变体（variation）并不比英语中的 *r* 在各种组合中的变体多，例如 *broth*，*mother*，*where*。不同的印象是由如下事实导致的，即这个音根据它的占优势的特点，而与我们的 *l*，或 *r*，*n*，*d* 关联了起来。

其他的例子也很常见。例如，下切努克语（lower Chinook）中有一个音容易被感知为 *b*，*m*，或 *w*。事实上，它是一个 *b* 音，它通过如下方式发出：双唇轻闭，鼻腔开放，气流微弱地通过口腔和鼻腔，伴随着声带微弱的音调（intonation）。这个音与我们的通过将双唇中等力度的弱释放发出的 *b* 关联了起来，与我们的由闭合双唇让气流自由通过鼻腔发出的 *m* 关联了起来，也与我们的由气流流过几乎完全闭合的双唇发出的 *w* 关联了起来。所有这些音都伴随着声带微弱的音调。当它与 *u* 元音（vowel）组合时，这个音与我们的 *w* 的关联尤其明显，它模仿了我们的 *w* 的 *u* 色调（tinge）这一特点。另一个例子是 *b* 音，它由华盛顿州（State of Washington）富卡海峡（Strait of Fuca）印第安人通过半闭的鼻腔发出。在这个例子中，这个音的典型特性是半闭的鼻腔，类似于感冒时所产生的效果。介于我们的元音之间的中间音并不少见。例如我们似乎会在一些印第安语言中观察到一个元音，它有时被我们辨识为 *o*，有时被辨识为 *u*（大陆发音），实则它的发音位置介于两个音之间。

关于印第安语音的这种解释的正确性，或许可通过如下事实得以最好地证明，即不同民族的观察者会很容易地根据他们所熟悉的语音系统去感知这些音。通常从一个记录者所选择的记录这些音的系统那里不难辨识出他属于哪个民族。

关于印第安语音的这种观点的正确性的另一个证据来自如下事实，即在许多属于同一类的印第安语的音被英语中的单一的音所表示的地方，我们自己的音也以相似的方式被误解。例如，北太平洋（North Pacific）海岸的印第安人有一系列的 *l* 音，它们大概可以与我们的 *tl*，*cl*，*gl* 相比较。因此，类似于 *close* 这样的词，印第安人听起来有时是这样，有时又是那样；我们的 *cl* 对它们而言是中间音（intermediate sound），就像有些印第安音在我们听来是中间音那样。这些音的交错明显是一种以外语语音系统作为媒介的感知的结果，而不是比我们的音在发音上具有更大的可变性所导致的结果。

虽然每种语言的语音系统是有限和固定的，但是在不同种类的语言中所选用的音呈现出很大的差异性，似乎有必要从它们的语音构成成分（constituent phonetic element）的角度对语言的群组进行比较。

2.2.4 语音的简要描写

这里不可能给出关于这个主题的完整的讨论；但是似乎有必要简单说明分节的音（articulate sound）的特性以及通过符号（symbol）的形式来记录它们的方式。

所有的分节的音都是由发音器官的振动（vibration）发出的，它们以呼吸为动力。在绝大多数情况下，振动是由呼气产生的；但是在少数语言中，例如在那些南非（South Africa）的语言中，吸气也被用来发音。

有一组音是由声带的振动发出的，它们是以口腔和鼻腔的形状为特征的。这些是元音。当鼻腔关闭，我们得到的是纯元音（pure vowel）；当鼻腔的后部或多或少地打开，我们会得到或多或少地鼻化的元音（nasalized vowel）。元音的特点取决于口腔的特定形状。元音的音色（timbre）根据下列因素而变化：喉头升高的程度；会厌（epiglottis）降低或升高的程度；舌头的回缩或前伸以及它的背部的隆起或展平；以及双唇的收圆和前伸，或嘴角回缩所产生的嘴部的拉长的开口。当双唇敞开，舌头和咽放松，但是软腭（soft palate, velum）抬起的时候，我们会得到纯元音 *a*，类似于 *father* 之中的 *a*。从这个声音开始，元音在两个主要的方向上变化。一个极端是 *u*（像英语 *fool* 之中的 *oo*），前伸的双唇有小而圆的开口，舌头回缩，舌头和腭之间完全敞开，喉头和咽之间大开，喉头仍然几乎是放松的。过渡音（transitional sound）从 *â*（英语 *law* 中的 *aw*）延续到 *o*（例如 *most* 中的 *o*），但是中间位置的范围是连续的。在另一个方向上，从 *a* 开始，元音从 *e*（英语 *mane* 中的 *a*）延续到 *i*（*fleet* 中的 *ee*）。*i* 的发音如下：嘴角最大限度回缩且双唇拉长开口，舌头和腭之间有非常狭窄而展平的开口，舌头的后部前伸，所以口腔的后部大开，与此同时喉头升高。

元音的变化可以通过发音器官动作的不同组合而产生。所以，当双唇在 *i* 的位置，并且舌头、咽和喉头在 *u* 的位置，我们得到 *ü* 音，它通过一系列经过 *ö* 的音与 *a* 相连。这些声音类似于德语元音变音（umlaut）。

虽然我们在这里描写的看起来是最为常用的元音，其他的舌头和唇的位置的组合也会发生。虽然保持了由口、鼻、唇的位置所决定的独特的元音音色，所有的元音在发音力度上都可能变得非常弱化，逐渐减小到轻微的声带音调。当这种发音变得非常弱，所有的元音在特点上倾向于变得相当类似，或者它们的音色可能会受到临近辅音（consonant）的影响，这一点将在后面描述。

除声带外，由发音器官的任何部位振动产生的所有声音都是辅音。这些振动或者是由完全关闭气流通路然后突然打开气道而产生，或者是由将气流通路的任意一点缩小或紧束（stricture）而产生。前一系列的声音称为“塞音”（stop），比如我们的 *p*，*t*，*k*。在气流被释放之前，所有这些音中存在着完全的闭合。后面的一系列声音称为“擦音”（spirant）或“连续音”（continued），比如我们的 *s* 和 *f*，在他们之中存在着气流的连续释出。当一个塞音发出后，紧接着一股气流通过同一位置的紧束，便产生了像我们的 *ts* 这样的音。这些被称为“塞擦音”（affricative）。当口腔完全阻塞，气流从鼻腔中释出，这种声音被称为“鼻辅音”（nasal consonant），比如我们的 *m* 和 *n*。也可能存在紧束和鼻腔开放。快速重复的一系列塞音，颤音，用我们的 *r* 来表示。这个音的特点主要取决于构成闭塞或紧束的发音器官的部分以及它们发生在什么位置。闭塞和紧束可以由唇、唇和舌头、唇和牙齿（teeth）、舌头和牙齿、舌头和硬腭、舌头和软腭产生，也可由声带以及在鼻腔中产生。

在表 2.1中，只描写主要的辅音群组。罕见的音被省略了。根据前面所说的，我们将认识到在这里所有可能的音的总数也是无限大的。

表 2.1　主要的辅音群组

双唇塞音	p
舌—腭塞音：	
舌尖音（齿音、齿槽音、齿槽后音）	t
卷舌音（通过舌尖向后卷发音）	t
舌背音：	
前腭音	k·
中间音	k
软腭音	q
喉塞音（由声带发出的塞音）	ε
鼻音	ɴ

几乎所有这些塞音都可以通过给予闭塞以不同的力度而得到改变。在英语中，我们主要有两种不同程度的重音（stress），例如像我们的 *b* 和 *p* 或者 *d* 和 *t* 所展示的那样。在很多语言中，例如在苏族语（Sioux）和太平洋海岸语言之中，存在着三种容易区分的不同程度的重音。其中最强的重音我们称为“强音”（fortis），通过在辅音后附加上! 来表示（*p!*，*t!*）。

当这些塞音并不伴随任何类型的声带振动时，它们被称为

“清音”（surd）。

当然，也可能同时发出一个以上的塞音。所以，或许可能同时闭合双唇以及用舌头封闭口腔的后部。然而，这种组合是罕见的；但是我们发现声带发音伴随着塞音极为常见。这产生了带噪音的辅音，或称之为“浊音”（voiced consonant, sonant）。在英语中，我们发现带噪音的音的发音力度几乎总是比不带噪音的音即清音的发音力度弱；但是这种相关性并不是必然的。尤其是在印第安语言中，我们很经常地发现带噪音的音和不带噪音的音有同等的重音，这使得欧洲人的耳朵难以区分清音和浊音。

辅音的第三种变化是由伴随着阻塞解除的气流的强度带来的。例如，像 *t* 这样的音可以简单地由下列方式发出：通过将舌尖牢牢地抵住腭而阻塞口腔，在舌头的后方产生一个稍微增强的气压，然后解除闭塞。另一方面，这个音又可以这样发出：先造成阻塞，然后将阻塞的解除与一次深呼吸中的呼气结合起来。伴随着这种深呼气的音可称之为“送气音”（aspirate），我们用 ‘（希腊语 [Greek] 中的送气符号）来标注送气音。这种深呼气可以出现在塞音之后，甚至也可以在闭塞完成之前就已经开始。声门（glottis）或舌头的后部的闭塞与增强了的强音闭塞的力度相关联，所以只有已经流进声腔的气流被释放出来。

在浊辅音的情况中，声带的发音要么完全与辅音同步，要么稍微在辅音之前或之后。在这两种情况下，我们都会得到一个在前的或在后的极弱的元音的印象，这个元音的音色基本上取决于它所伴随的辅音。当音色非常模糊，我们将此元音写为 *E*；当音色更为清楚的时候，我们写作 *A*，*I*，*O*，*U* 等。在其他情况下，闭塞处的释放并不伴随深呼气的释出，而只是通过轻微地压缩闭塞后方空间中的空气而释出的，这个塞音和它后面的同一个单词中的音之间非常容易产生一个间歇（break）。单词中的这样的间断（hiatus）用撇号（'）表示。这样的一个间断在一个元音之后产生，似乎通常是由声门的关闭导致的。

这里所描写的大部分现象也可能伴随着擦音和鼻音出现，然而它们在强度方面的差异似乎并没有那么大；但是在呼气、声带发音以及停顿方面的特点，显现出与我们在塞音中所观察到的这些方面的特点相类似的特性。

所有的塞音都可以通过让气流从鼻腔中释出的同时保持口腔闭塞的方法转变为鼻音。以这样的方式产生了我们的 *n* 和 *m*。鼻腔的开放在宽度方面也可能存在差异，鼻孔上部的紧束会导致半鼻音化的辅音（semi-nasalized consonant）。

在前面描写的擦音中，气流沿着腭的中间线释出。有一些其他的音，气流从侧边释出。这些音以我们的 *l* 为代表。它们也会根据释出气流的开口的位置和形态以及口腔闭塞的形态而产生相当大的变化。

似乎一些辅音的特殊的音色也取决于口腔开口的共振（resonance）。对于 *t* 音和 *k* 音而言，情况似乎尤其如此。在发 *t* 音的时候，口腔后部开放而前部被舌头填满似乎是它的重要特征之一。另一方面，在 *k* 音系列中，口腔后部被舌头填满而前部保持开放。口腔后部和前部都开放发出的音带有 *k* 音系列以及 *t* 音系列的特点。[①]

元音中有两个音显现出和连续音系列的辅音之间的密切联系。它们是 *i* 和 *u*，这主要是由以下原因造成的：在 *i* 中，舌头的姿态几乎在口腔前部形成一个紧束，而在 *u* 中，双唇的姿态接近于形成一个紧束。于是便产生了半元音（semi-vowel）*y* 和 *w*。最后一个必须提及的音是自由呼气的 *h*，它最典型的形态是由伴随着所有发音器官放松的呼气发出的。

[①] 参见 P. W. 施密特（P. W. Schmidt），《人类学》（*Anthropos*），第二卷，第 834 页。

通过列表的形式，我们得到了以下的一系列最重要的辅音（见表 2.2）。

表 2.2　最重要的辅音

	塞音			擦音		鼻音		颤音	
	浊音	清音	强音	浊音	清音	浊音	清音	浊音	清音
双唇音	b	p	p!	v	f	m	m̥		
唇-齿音				v	f				
舌-唇音	d	t	t!	ç	¢	n	n̥		
舌-齿音	d	t	t!	ç	¢	n	n̥		
齿音				j	c				
舌音									
舌尖音 卷舌音	d	t	t!	z	s	n	n̥	r	r̥
舌背音									
中间音	g	k	k!	γ	x̣	ñ	ñ̥	r	ṛ
软腭音	g	q	q!	γ̣	x	ṇ̃	ṇ̥̃	ṛ	ʀ
边音	ʟ̣	ʟ	ʟ!	l	ł				
喉塞音	ɛ								
鼻音	ɴ								

半元音：y, w。 呼气：‘h。 间断：’。

辅音的元音色调通过辅音之后的元音上标来表示：$^{a\ e\ i\ o\ u}$。在此表中省略了以塞音开始以擦音结束的那一系列塞擦音。

我们会注意到，在前面的表格中同样的符号会用在多个列之中。之所以这样做是因为通常只有一个或至多两个系列的这些群组会出现在一种语言中，所以这些差异在每个特殊情况中可以用变音符（diacritical mark）进行表示。其他学者也曾尝试制定一个表示音的一般的系统。对于任一特定的语言而言，这些都容易变得繁琐，因而在本卷的语言描写中并未使用。

2.2.5　语音元素的无意识性

上文中我们已经简要地讨论了人类语言语音元素（phonetic element）的一种分析结果。然而，我们必须记住，这种单独的音并不独立存在，它永远都不会进入说话者（speaker）的意识（consciousness），它仅仅是作为传达确定意义（meaning）的音的复合体（sound-complex）的一部分而存在。如果我们对英语中那些由单一的音来改变概念的语法形式（grammatical form）思考片刻，那么这点便很容易认识到。在 *hills* 这个词中，末端的 *s* 并不作为一个具有单独意义（significance）、表达复数（plurality）概念的单独元素进入我们的意识 [除非，或许，仅就我们语法训练已经教给我们复数（plural）可以通过使用末端的 *s* 来构造这个事实而言]，但是这个词形成一个牢固的单位，它作为一个整体传达意义。末端的 *s* 作为复数、所有格（possessive）以及动词第三人称单数（third person singular）形式的用法上的多样性，以及辨识出这些末端元素的语音身份所需要的极大努力，可以作为证明这个单一的语音元素只是作为分析的结果才被我们意识到的这个事实的进一步的证据。对只在一个单独的音上存在不同的词的比较，例如 *mail* 和 *nail*，*snake* 和 *stake*，也清晰地表明音的分离（isolation of sound），只是继发性分析（secondary analysis）的结果。

2.3 语法范畴

2.3.1 不同的语言在语法范畴上的差异

在所有分节语言中所发出来的音的组合是用来传达概念（idea）的，每一个音的组合都有一个固定的意义。语言之间不仅在其语音构成成分以及音簇（sound-cluster）方面的特点上存在差异，而且在固定语音组（phonetic group）表达形式的概念群组方面存在差异。

2.3.2 表达概念的语音组的数量的限制

语音元素可以构成的组合总数也是无限的，但只有有限数量的组合被用来表达概念。这意味着通过不同的语音组来表达的概念在数量上也是有限的。

因为用语言表达的个人经验的总范围是无限的，并且它的整个范围必须用有限数量的语音组去表达，所以很明显一个广泛的经验分类必然构成所有分节语言的基础。

这与人类思维（human thought）的基本特质相符。在我们的实际经验中，没有任何两个感官印象（sense-impression）或情绪状态（emotional state）是完全一致的。即便如此，我们可以根据它们的相似性将它们划分为或大或小的群组，这些群组之间的界限可以用各种各样的观点去确定。尽管它们之间存在个体差异，我们可以通过经验辨识出它们的共同成分，并认为它们是相关联的或者甚至是相同的（假如它们有足够多的共同典型特征的话）。所以表达不同概念的语音组在数量上的限制是以下心理事实的体现：很多不同的个别经验在我们看来似乎是同一思维范畴的代表。

这一人类思维和语言的特征在某种程度上可以与通过选择有限数量的习惯动作来限制整个系列的可能的发音动作相比较。如果全部的概念（concept）连同它们的变体在语言中通过完全异质（heterogeneous）且不相关联的音的复合体来表达，那么会产生如下情况：密切相关的概念将不会通过它们的语音符号的相应的关系显现出来，并且我们会需要无数不同的语音组来表达思想。如果真是这样的话，一个概念和代表它的音的复合体的关联将不会足够稳固，以便我们能够随时不假思索地无意识地重现出来。因为对发音的无意识而快速的使用导致了如下情况：只有有限数量的发音（它们具有有限的变异性以及有限数量的音簇）从无数可能的发音和音簇中被选择出来，所以无数的概念通过分类减少到一个较少的数量，它们通过经常性的使用而建立起牢固的关联，并且能够被无意识地使用。

思考至此，强调一下如下事实似乎是重要的，即在不同的语言中通过特定的语音组来表达的概念的群组显现出十分重大的差异，它们无论如何都不会遵从同样的分类原则。再次以英语为例，我们发现 WATER（水）的概念通过大量不同的形式表达：一个词项（term）用来将水表达为一种 LIQUID（液体），另一个词项表达作为一片宽阔区域的水 [LAKE,（湖）]，另外一些则表达或大或小体量的流动的水 [RIVER（河）和 BROOK（小溪）]，还有一些表达作为 RAIN（雨）、DEW（露）、WAVE（浪）和 FOAM（泡沫）形式的水。完全可以想象，这些各式各样的概念，在英语中每一个都分别用单独的词项来表达，在其他语言中则可能用同一个词项的派生形式（derivation）来表达。

爱斯基摩语（Eskimo）中表示 SNOW（雪）的词是另外一个同种类型的例子。其中有一个词 *aput*，表示 SNOW ON THE GROUND（地上的雪）；另外一个词 *qana*，表示 FALLING SNOW

（正在飘落的雪）；第三个词 *piqsirpoq*，表示 DRIFTING SNOW（风吹的雪）；第四个词 *qimuqsuq*，表示 A SNOWDRIFT（雪堆）。

同样是在爱斯基摩语中，SEAL（海豹）在不同的情况下用不同的词项来表示。一个是 SEAL（海豹）的一般词项，另外一个表示 SEAL BASKING IN THE SUN（晒太阳的海豹），第三个表示 SEAL FLOATING ON A PIECE OF ICE（在一块冰上漂浮的海豹），更不用说那些表示不同年龄以及表示雄性和雌性海豹的词项。

我们通过一些单独的词项来表示的一些概念，在有的语言中却在同一个概念之下被聚集在了一起，可以选择达科他语（Dakota）作为这种情况的例子。词项 *naxta'ka* TO KICK（踢），*paxta'ka* TO BIND IN BUNDLES（捆绑成束），*yaxta'ka* TO BITE（咬），*ic'a'xtaka* TO BE NEAR TO（靠近），*boxta'ka* TO POUND（猛烈打击），都是从一个共同的元素 *xtaka* TO GRIP（抓紧）派生出来的，并且这个元素使它们联系在了一起，然而我们却使用不同的词来表示这些不同的概念。

似乎相当明显：这种简单词项的选择肯定在某种程度上取决于一个民族的主要利益（chief interest）；如果有必要从多个方面对某一个现象进行区分，并且它们在这个民族的生活中各自扮演一个完全独立的角色，那么很多单独的词项会产生，而在其他的情况下，对同一个词项进行修改（modification）可能就足够了。

所以任何一种语言从另一种语言的角度来看，它的分类可能是任意的；在一种语言中看起来是一个单一的简单概念，在另一种语言中却可能被一系列不同的语音组描述。

语言通过单一的词项去表达复杂概念的倾向被称为“词句”（holophrasis，或译为“句词”），所以似乎每一种语言从另一种语言的角度看来都可能是具有词句特点的。词句很难被认为是原始语言的一个基本特征。

我们之前已经看到，每一种语言中都必须有某种表达方式的分类。将概念分类为群组并且每个群组用单独的语音组来表达，使得下列情况成为必然：那些不能轻易地用某一个现有的音的复合体来表达的概念，应该用那些可称之为基本语音组（elementary phonetic group）的组合（combination）或修改来表达，这些基本语音组要与特定概念所能简化成的那些基本概念（elementary idea）相对应。

这个分类和用其他相关经验通过相互限制来定义所要表达的特定概念的方式表达某些经验的必要性，使得那些用来确定个别语音组之间关系的形式成分（formal element）的存在成为必要。如果每个概念都能通过单独的语音组来表达，那么没有形式（form）的语言就可能存在。然而，因为概念必须通过将其简化为若干相关概念的方式进行表达，所以关系的种类就成了分节语言中的重要成分；这同时也意味着所有语言都必然包含形式成分，并且定义专门概念的基本语音组的数量越少，形式成分的数量就会越多。在一种拥有非常庞大而且固定的词汇（vocabulary）的语言中，形式成分的数量可能就会相当少。

2.3.3 语法手段

值得注意的是，在世界上的语言之中，用来表示词项之间关系的语法手段（grammatical process）数量是有限的。据推测这是分节语言的一般特征。用来表示一定语音组之间关系的仅有的可行方法是它们以一定顺序组合（它可能结合了构成成分之间的相互的语音影响）以及语音组自身的内部修改。这两种方法在许多的语言中都有发现，但是有的只存在组合这种方法。

2.3.4 词和句子

为了理解通过一些单独的语音组以及表示它们之间关系的成分所表达的概念，我们必须讨论如下问题：什么构成了语言的单位（unit of speech）？之前已经指出，这样的语音成分只能通过分析分离出来，它们在语言中只是以组合的形式作为特定概念的等价物出现。

因为所有语言的意图是用于交流思想，所以表达的自然单位是句子（sentence）；也就是说，传达一个完整的思想（complete idea）的一组分节发出的音。似乎语言可以轻易地进行细分，并且词（word）也构成一个自然单位，句子正是由词构造而成。然而在大部分情况下，却并非如此，并且这样的词只是通过分析才被我们认识到。在介词（preposition）、连词（conjunction）或者属于从句（clause）的动词形式（verbal form）这样一些词的情况中，这一点尤为明显。例如我们极其难以想象 *and*，*for*，*to*，*were* 这种词的使用（就如同它们会传达清楚的概念那样去使用），或许类似于简短的 *If* 那样的形式除外，其中句子所有剩余的部分都是暗含的，并且通过 *if* 就足以表明。然而以同样的方式，经过了语法训练的我们会使用一个简单的词尾（ending）去纠正一个先前已经表达过的思想。所以 *He sings beautifully*（他唱歌好听）这个句子可能会引出一个回答：*sang*；或者，一个倾向于简洁的人甚至会用-*ed* 来回应 *He plays well*（他演奏得/玩得/打得……好）这个句子，而他的朋友们也能很好地理解。很明显，在所有这些例子中，那些单独的成分是通过对完整的句子单位的继发性分析过程分离出来的。

在那些词似乎代表一个可以从其他概念中凸显出来的概

念的情况中，词作为一个单位的人为性（artificiality）看起来则没有那么明显。例如，名词（noun）的情况就是如此。像 *stone*（石头）这样的词似乎是一个自然单位（natural unit）。然而，我们会认识到，*stone*（石头）这个词至多只传达了一个客观的图景（objective picture），而不是一个完整的思想。

于是我们被引向词和句子的关系这个重要问题。将我们的思考建立在形式上有根本性差异的语言的基础上，我们似乎可以将词定义为：一个语音组，由于它形式的固定性、意义的明确性以及语音的独立性，能够轻易地从整个句子中分离出来。这个定义显然包含相当大的武断成分，这会导致我们根据所持有的一般观点有时将某个单位视为词，有时又会否认它的独立存在。后面我们会看到，在对美洲语言的讨论中，我们将多次遇到这个实际困难，并且带有客观确定性地判定是否有理由将某个语音组视为一个独立的词或词的从属部件（subordinate part）是不可能的。

即便如此，我们的定义中似乎含有某些将一个音的复合体判断为独立的词所必不可少的成分。从语法形式的角度看最不重要，而从语音的角度看最为重要的，是所讨论的要素中的语音独立性。之前就已指出，设想英语中表示复数、所有格以及动词的第三人称单数形式的 *s* 的独立性是多么困难。这主要是由于这个语法成分的语音虚弱性（phonetic weakness）。如果复数的概念是通过一个具有和词 *many* 一样语音强度的成分来表达的；如果词的所有格是通过一个具有像介词 *of* 那样语音强度的成分来表达的；又如果第三人称单数，是通过一个像 *he* 这样的一个成分表达的——或许，我们会更容易将这些成分的性质认定为独立的词，实际上我们确实是这么做的。例如，*stones*，*John's*，*loves* 是单独的词；而 *many sheep*，*of stone*，*he went* 则都被视为两个词。在美洲语言中这种困难经常遇到。例如我们在类似于切努克语（Chinook）的语言中发现那些修改成分（modifying element）是通过一些单独的音表达的，它们在语音上融入了那些在发音时没有任何停顿的一些音簇之中。例如，词 *aniā'lōt* I GIVE HIM TO HER（我把他给她）可以分析成下列元素：*a*（tense，时态），*n* I（我），*i* HIM（他），*a* HER（她），*l* TO（向），*ō*（direction away，离开的方向），*t* TO GIVE（给）。这里，也是因为组成成分的语音虚弱性和它们之间紧密的语音联系阻止我们将它们视为一些独立的词；在我们看来，整个表达像一个牢固的单位。每当我们仅以这一原则为指导时，词这个单位的界限会由于对构成成分的语音强度的感受的差异而自然显得极为不确定。

也会出现这样的情况：有些元素有时在语音上显得如此

虚弱，以至于它们不可能被视为句子中的独立单位，而与它们密切相关的形式，甚至是在其他组合中的同一个形式，却可能获得它们在其他情况中所不具有的语音强度。夸扣特尔语（Kwakiutl）可以作为这种情况的例子，在这种语言中很多代词性形式（pronominal form）看起来像极为虚弱的语音成分。例如 HE STRIKES HIM WITH IT（他用它打了他）这个意思被表示为 *mîx·ᵋī'dᴇqs*，其中末尾的两个元素的意思是：*q* HIM（他），*s* WITH IT（用它）。然而，当体词（substantive）引入这个表达式以表示客体（object）和工具（instrument）时，*q* 呈现为更完整的形式 *xa*，*s* 呈现为更完整的形式 *sa*，我们可能会轻易地将它们书写为独立的词，就像我们的冠词（article）那样。

我非常怀疑，如果一个研究者同样使用我们记录那些没有文字的美洲语言所用的方法去记录法语，他是否会倾向于将那些进入及物动词（transitive verb）的代词性成分（pronominal element）书写为独立的词，至少当记录肯定动词（positive verb）的陈述形式（indicative form）时不会。当他发现它们在否定形式（negative form）以及某些疑问形式（interrogative form）中的位置具有自由度时，可能会被诱导这样做。

句子中语音固定部件位置自由度的决定性影响，使得我们有必要将它放进我们的词的定义中。

一个语音组可以出现在一个句子中的各种各样的位置上，并且总是呈现同样的形式而没有任何改变或至少没有实质性改变的时候，我们会倾向于认可它的个体性（individuality），并且在对这种语言进行分析的时候，我们倾向于将它视为单独的词。只有在所讨论的音的复合体没有显现出任何改变的情况下，这些条件才能完全满足。

然而，也可能出现发生小的改变的情况，特别是在开头或末尾，我们或许会因为它们与整词的固定性相比显得微不足道而将这些小的改变忽略。例如达科他语就是这样的情况，在这种语言中，一个具有清楚定义的固定的词复合体的尾音（terminal sound）会自动改变后面的具有同样固定性特点的词复合体的第一个音。相反的情形也会发生。严格地讲，在这种情形中，我们通常应该称之为两个词，但它们之间的分界线丢失了；然而相对而言，连接在一起的两个词之间的相互影响是如此轻微，以至于词的个体性概念超越了它们之间的有机联系（organic connection）。

在另外的情况中，这种有机联系变得如此地牢固，以至于两个或其中一个构成成分绝不会不带有标明它们之间紧密结合的痕迹而出现，它们会被我们视为一个单独的单位。作为这种情况的一个例子，我们可以提一下爱斯基摩语。这种语言包含了许多意义相当清楚且语音强的成分，但是它们的位置十分受限，它们总是跟在其他一些确定的句子部件后面，它们绝不会构成一个完整的语音组的开头，并且每当它们附加在某个语音组之后，它们前面的语音组就会失掉其更为固定的语音形式。举个例子：*takuvoq* 的意思是 HE SEES（他看），*takulerpoq* 的意思是 HE BEGINS TO SEE（他开始看）。在第二个形式中，看的意思包含在成分 *taku-*之中，而这个成分本身是不完整的。紧接着的成分*-ler*，永远不能成为句子的开头，并且只有在与它前面的语音组相连接的时候才会获得 BEGINNING（开始）的意思，它前面的语音组的尾音在一定程度上是由它决定的。反过来，它需要一个词尾，这里选定的例子中，这个词尾*-poq* 表示第三人称单数；而表达 SEEING（看见）的词也需要一个词尾*-voq* 来表达同一个人称（person）。这些词也不可能成为句子的开头，它们首音（initial sound）*v* 和 *p*，被它们前面成分的尾音单独决定。于是我们会看到，这一组音的复合体构成了一个固定的单位，它们是被每一个部件的形式的不完整性和它们之间广泛的相互间的语音影响而结合起来的。看来，在爱斯基摩语中，这些成分如此牢固地连接在一起，因此对于什么构成了我们通常意义上理解的词，不会存在丝毫怀疑。易洛魁语（Iroquois）在很多情况下也是如此，跟爱斯基摩语很类似的情况普遍存在。在此可以举出奥奈达方言（Oneida dialect）中的一个例子。*Watgajijanegale* THE FLOWER BREAKS OPEN（花儿盛开）包含了形式成分 *wa-*、*-t-*以及*-g-*，它们在性质上是时态的（temporal）、情态的（modal）和代词性的；元音*-a-*是词干（stem）*-jija* FLOWER（花）的性质，它绝不会单独出现；词干*-negale* TO BREAK OPEN（打开、开放）也不能独立存在。

在所有这些例子中，那些成分极具意义清晰性，但是形式固定性（permanence of form）的缺乏迫使我们将它们视为较长单词的组成部件。

虽然在某些语言中，这给我们留下了充分的分词（separation of word）标准的印象，但在一些其他情况中句子的某些部件可以这样分离出来，而其他的部件则保持着它们独立的形式。在美洲语言中，当名词不改变它们的任何组成成分进入动词复合体（verbal complex）的时候，情况尤其如此。例如在波尼语中，情况就是这样：*tã'tuk*^{u}*t* I HAVE CUT IT FOR THEE（我已经为你削了它），和 *rīks* ARROW（箭），组合成 *tatũ'riksk*^{u}*t* I CUT THY ARROW（我削了你的箭）。这些形式的紧密连接在发生较大语音改变的情况中会更为明显。例如成分 *ta-t-ru*$^{\varepsilon}$*n* 组合成 *ta'hu*$^{\varepsilon}$*n* I MAKE（我做）（因为 *tr* 在词中变成了 *h*），*ta-t-rīks-ru*$^{\varepsilon}$*n* 组合成了 *tahīkstu*$^{\varepsilon}$*n* I MAKE AN ARROW（我做箭）（因为 *r* 在 *s* 之

后变成了 *t*)。与此同时，*rīks* ARROW（箭）作为一个独立的词出现。

如果我们遵循前面讨论中论述的原则，我们容易发现同样的一个成分有时看起来像独立的名词，有时又看起来像词的部件，这个词的其余部分具备我们前面描述的全部特征，因为这个原因我们不倾向于把它看作一个由独立成分构成的复合体。

句子部件独立性的模糊性在下列情况中也会出现：当它们在意义上依赖于句子的其他部件的时候，或者当它们的意义与句子其他部件相比是那么模糊和虚弱以至于让我们认为它们是从属部件的时候。这种词，当语音强的时候，通常会被认为是独立的小品词（particle）；另一方面，当语音弱的时候，它们则通常会被认为是其他词的修改部件。詹姆斯·欧文·多尔西（James Owen Dorsey）牧师所写的关于彭加语（Ponca）的材料[①]中就有这种情况的例子，在那里面同样的一些成分经常被作为独立的小品词，而在其他情况中它们看起来则像词的从属部件。例如我们看到了*¢éama* THESE（这些）(p.23, line 17)，但是 *jábe amá* THE BEAVER（海狸）(p.553, line 7)。

在 S. R. 里格斯（S. R. Riggs）牧师对苏语语法（grammar）的论述中，情况也是如此。在这个例子中我们发现，例如，成分

[①]《北美民族学进展》（*Contributions to North American Ethnology*），第六卷。

pi 永远被当作词的词尾，或许是因为它代表复数这个事实，而在印欧语言中复数几乎总是通过对适用于复数的词的修改来表示。另一方面，像分别表示未来（future）和否定（negation）意思的 *kta* 和 *śni* 这样的成分，则被看作独立的词，虽然它们和前面提到的 *pi* 以完全相同的形式出现。

再例如钦西安语（Tsimshian）中的那些修改成分，在这种语言中数不清的副词性成分（adverbial element）是通过一些相当弱的、具有确定位置的语音组来表示的。在此，这些语音组是否被当作一些单独的词或它们是否与那些动词表达式（verbal expression）一起组合成一个单独的词，似乎也是完全任意的。在这些情况中，只要它们语音足够强，这种和不经任何修改的小品词相结合的词的独立存在性，通常会使我们将这些成分视为独立的小品词；而每当它们所结合的动词表达式被修改了，或是将这些成分插入它的构成部件之间，抑或是通过其他方式，我们则倾向于将这些成分看作词的一些部件。

从词和整个句子的关系的角度比较充分地讨论一下词的概念似乎是重要的，因为在美洲语言的词法论述（morphological treatment）中，这个问题起着重要的作用。

2.3.5　词干与词缀

对语言的分析使我们区分出了许多不同种类的语言成分（element of speech）。当我们将它们按照功能进行整理，我们会发现似乎某些成分在所有句子中都会出现。例如，标示主语（subject）和谓语（predicate）的一些形式，或者，在现代欧洲语言中标示数（number）、时态（tense）以及人称的一些形式。其他的，像那些表达指示概念的词项，在句子中则可能出现也可能不出现。它们以及许多其他现象在我们的语法中得以论述。根据这些成分的性质，它们似乎会改变句子的实质内容（material content）；例如，在英语句子 *he strikes him*（他打他）和 *I struck thee*（我打你）中，击打某人这个概念作为交际的内容而出现；而 *he*（他），*present*（现在时），*him*（他）以及 *I*（我），*past*（过去时），*thee*（你）这些概念则作为修改成分出现。

将包含在句子中的概念区分为实质内容和形式修改是武断的，注意到这点极为重要，这大概首先是由种类繁多的、可由同样的代词性成分和时态成分以同样正式的方式去表达的概念造成的。换言之，句子的实质内容可由表达不受限数量概念的主语和谓语表示，但相对而言修改成分——这里指代词（pronoun）和时态——只包含非常少的概念。在对语言的讨论中，表达句子实质内容的部件在我们看来是词典学（lexicography）的内容，表达修改关系的部件则是语法学的内容。在现代印欧语言中，由从属成分表达的概念数量总体上是有限的，因此语法和词典（dictionary）之间的分界线显得非常清晰且已被很好地划定。然而，在更广范的意义上，所有词源过程（etymological process）和词的结构（word composition）必须视为语法的组成部分；如果我们包括它们的话，我们会发现，即使在印欧语言中，分类概念的数量也是相当大的。

由于归入形式结构的成分数量非常大，在美洲语言中语法学和词典学之间的区分经常相当模糊。似乎有必要借助例子从而在某种程度上更充分地解释这一问题。在钦西安语中，我们会发现非常多的副词性成分，它们不能被认为是完全独立的，并且毫无疑问它们必须被视为修改动词性概念的成分。因为这些成分数量非常大，所以动作动词（verb of motion）的总数似乎有些受限，虽然可以和这些副词性概念组合的动词的总数比这些副词性概念本身的总数要大得多。所以，副词的数量似乎是固定的，而动词的数量似乎是不受限的；因此，我们便有了这种印象：前者是修改成分，对它们的讨论属于这种语言的语法学，而后者则是词，对它们的讨论属于这种语言的词典学。这种修改成分的数量在爱斯基摩语中更多，对这些成分的讨论属于这种语言的语法学的这种印象因为如下事实而增强：它们绝不会出现在词首位置上，也不会放置在完整的词的后面，而是被添加到一个单独发音时没有任何意义的成分上。

需要注意的是，在许多语言中，修改成分的数量会增加到如此之多，以至于哪个成分代表一系列有限数量的概念，哪个成分代表几乎无限多的属于词汇的词，可能会变得不明确。例如，阿尔贡金语（Algonquian）就是如此，这种语言几乎在所有动词中都是几个成分一起出现，每个成分都有确定的位置，但是每个群组都是那样地大，以至于将其中的一个群组判定为由另一个群组修改的词是完全武断的，反之亦然。

对我们的目的而言，这种思考的重要性在于它表明了词干和词缀（affix）这些术语缺乏确定性。根据普通的术语（terminology）用法，词缀是附加在词干或词上并且修改它们的成分。只要修改概念的数量是有限的，这个定义完全可以接受。然而，当修改成分的数量变得极大，我们会怀疑两者之中哪一个是修改者哪一个是被修改者，这个判定最终会变得完全武断。在接下来的讨论中，我们试图将前缀（prefix）、后缀（suffix）以及词缀这些术语完全限定于这些成分所表达的概念数量严格受限的那些情况。无论在什么地方当组合的成分数量变得如此之大以至于它们不能被恰当地分类的时候，这些术语将不会被使用，我们转而将这些成分视为并列的（co-ordinate）。

2.4 语法范畴的讨论

根据上述内容来看，在对语言的客观讨论中似乎有三点需要考虑：第一，语言的语音构成成分；第二，语音组表达的概念群组；第三，组合以及修改语音组的方法。

在开始进行美洲语言特点的描写之前，似乎有必要在一定程度上对第二点进行更为充分的讨论。

研究欧洲和西亚（western Asia）语言的语法学家们已经发展出一套范畴体系（system of category），我们倾向于在每一种语言中寻找这些范畴。在此，似乎有必要表明我们熟悉的这个系统在多大程度上只是某些语言群组所独有的特征，并且在多大程度上其他的系统可能代替它。似乎最容易说明这个问题的方式是：首先讨论印欧语言的名词、代词和动词的一些特点，然后再对这个主题的更为宽泛的一些方面进行讨论。

2.4.1 名词范畴

在对我们的名词的论述中，我们习惯于去寻找一些基本范畴（fundamental category）。在大多数印欧语言中，名词根据性（gender）进行分类，它们被表示单数（singular）和复数的形式修改，它们在句法组合（syntactic combination）中也作为格（case）而出现。这些似乎是名词的基本方面，但没有哪一种是分节语言的必要成分。

性

英语的历史清楚地表明名词的性可以几乎被抑制却不妨碍表达的清晰性。虽然在英语中我们仍然能够发现性的踪迹，但差不多所有无生命对象（inanimate object）已经属于一个单一的性了。注意到这一点很有趣：在世界上的语言之中，性无论如何都不是一个基本的范畴，名词可能完全不被划分为类，或者分类的角度可能完全不同。例如，非洲的班图语（Bantu）将词划分为大量不同的群组，但是大多数群组的意义无论如何都不清楚。北美的阿尔贡金语将名词划分为有生命的（animate）和无生命的（inanimate），然而却不严格遵循这些术语所意指的自然分类。例如，小的动物可能被归入无生命的一类，而某些植物则可能被归入有生命的一类。一些苏族语言（Siouan languages）通过冠词对名词进行分类，严格地区分有生命且移动的（animate moving）和有生命且静止的（animate at rest），无生命且长的（inanimate long）、无生命且圆的（inanimate round）、无生命且高的（inanimate high）以及无生命的集合对象（inanimate collective object）。易洛魁语严格区分表示人的名词和其他名词。后者又可以进一步细分为一个限定的群组（definite group）和一个不定的群组（indefinite group）。优奇语（Uchee）区分本部落成员和其他人。在美洲，真正的性大体上是罕见的；它或许在密西西比河下游（lower Mississippi）的少数语言中存在；它在哥伦比亚河（Columbia river）的切努克语中以与大多数印欧语言同样的方式存在，并在更为有限的程度上存在于华盛顿州和英属哥伦比亚（British Columbia）的一些语言之中。在北美语言中，爱斯基摩语以及阿撒巴斯卡语没有对名词进行分类的迹象。这里给出的这些例子清楚地表明，性的准则（sex principle），虽然是欧洲语言中名词分类的基础，却只是众多可能的分类中的一种。

复数

印欧语言名词的复数具有几分不同的特点。因为，为了能够清晰地表达，每个名词必须要么表达为单数，要么表达为复数，这种分类或许看起来几乎是必不可少的；但是它并不难通过句子去表达，甚至在英语中，也并不总是进行这种区分。例如，在句子 *The wolf has devoured the sheep*（狼已经吞吃了羊）

中，便没有清楚地指明究竟是一只羊还是多只羊。然而，这基本上不会使我们觉得不便，因为要么上下文（context）可以表明究竟表达的是单数还是复数，要么添加的形容词（adjective）可以给我们所需的信息。

然而，根据我们印欧语言的结构，为了清晰地表达，我们总是倾向于期待单数或复数的表达形式，也存在其他一些对这种区分毫不在意的语言。夸扣特尔语就是这种语言的一个很好的例子。对夸扣特尔人来说，无论他说 *There is a house*（有一所房子）还是 *There are houses*（有多所房子）都是无关紧要的。这两种概念以同样的形式来表达，单数或复数的概念必须通过上下文或添加特殊形容词来传达。同样的情况也普遍存在于阿撒巴斯卡诸语言和海达语（Haida）中。在苏族语中，也区分单数和复数，但是只是针对有生命的对象。看起来，美洲语言基本上对复数的明确的表达相当不在乎，但是它们倾向于更为严格地表达集体（collectivity）或分布（distribution）的概念。例如，夸扣特尔语虽然对复数的表达相当不在乎，却非常在意表达所说的对象究竟分布在这里还是那里。在这样的情形中，分布得到了细致的表达。同样地，当说到鱼的时候，它们用同一个词项来表示一条鱼以及若干条鱼。然而，当他们希望去说这些鱼属于不同品种（species）的时候，一个表达这个概念的分布形式（distributive form）会被使用。一个类似的对单数和复数概念的区分毫不在意的情况可以在几种语言的代词中发现，我们稍后会提到。

另一方面，一些语言可能比现代欧洲语言更为强调数的概念。像希腊语那样的双数（dual），在全世界语言中是常见的；但是也有语言区分三数（trialis）和几数（paucalis）——“三个”或“几个”的表达方式。

格

适用于数的也同样适用于格。从心理学角度看，用前置词表达式（prepositional expression）替代格，几乎不代表格的概念完全缺失。这在那些在动词中表达句子里名词的整组关系的语言中或多或少地能发现。例如，在切努克语中，当我们看到像 *he her it with cut, man, woman, knife* [意思是 *The man cut the woman with the knife*（这个男人用刀割伤了这个女人）] 这样的表达式的时候，我们可以有把握地说这些名词本身并不带有格关系（case-relationship）的痕迹，它们只是作为一些代词的同位语（apposition）而出现。的确，这个例子在代词中区分了主体（subject）和客体，从这个意义上讲，格可以被发现，虽然不是作为名词性的格，而是作为代词性的格。然而这里的格关系被限定于主体和客体这两种形式，因为这些间接的格是通过代词性对象表达的，而每一个间接关系的特征是通过副词性成分表达的。还是在这种语言中，所有格关系通过所有关系表达式（possessive expression）替代的方式被消除了，例如，像 *the man, his house*（这个男人，他的房子）代替了 *the man's house*（这个男人的房子）。所以，虽然格的表达（case-expression）并没有完全被消除，但是它们的数量可能在很大程度上减少了，而在一些欧洲语言中格的数量是相当大的。

例如我们发现我们的一些名词范畴（nominal category）要么完全不存在，要么只以十分精简的形式存在。另一方面，我们必须承认其他对欧洲语言来说完全陌生的新范畴也可能存在。类似于之前所提到的那些分类（例如有生命的和无生命的、表示人的名词和其他名词，以及名词根据形状的分类）对我们来说都是相当陌生的，虽然在动词和名词的连接中，形式分类（form-classification）是存在的。例如我们不说 *a tree is somewhere*（一棵树在某处），而是说 *a tree stands*（一棵树站立着）；不说 *the river is in New York*（这条河在纽约），而是说 *the river flows through New York*（这条河流过纽约）。

时态

名词的时态类别（tense class）在美洲语言中并不罕见。就像我们会说 *a future husband*（未来的丈夫）或 *our late friend*（我们已故的朋友），很多印第安语言在每个名词中表达它存在于当前（presence）、过去（past）还是未来，他们对此所要求的表达的明确性就像我们要求明确区分单数、复数一样。

2.4.2 人称代词

同样的分类原则一致性的缺乏也会在代词中看到。我们习惯于论及代词的三种人称（three persons），它们既有单数形式又有复数形式。虽然我们对第三人称（the third person）代词的性进行区分，但是我们并没有将这一分类原则一致地贯彻到其他人称上。第一人称（the first person）、第二人称（the second person）以及第三人称复数的阳性（masculine）、阴性（feminine）和中性（neuter）有同样的形式。更为严格的性的系统（sex system）也存在，例如，南非的霍屯督语（Hottentots），不但第三人称区分性，第一人称和第二人称也区分性。

从逻辑上讲，我们的代词的三个人称是基于自己（self）和他人（not-self）这两个概念的，其中第二个概念会根据语言的需要进一步细分为听话的人（person addressed）和谈到的人

（person spoken of）。所以，当我们谈及第一人称复数，在逻辑上，我们表示的要么是自己和听话的人，要么是自己和一个或多个谈到的人，要么是自己、一个或多个听话的人和一个或多个谈到的人。一个真正的第一人称复数是不可能的，因为不可能存在多于一个的自己。很多语言规避了这种逻辑上的不严谨，这些语言明确地区分了两种组合：自己和一个或多个听话的人，或者自己和一个或多个谈到的人。我不知道任何将这三种人称的组合以一种单独的形式进行表达的语言，或许是因为这个概念容易与自己和听话的人这个概念合并。这两种形式通常用相当不精确的“包括式第一人称复数”（inclusive first person plural）和“排除式第一人称复数”（exclusive first person plural）这两个术语来表示，它们的意思是第一人称复数，包括或排除听话的人。第二人称和第三人称形成了真正的复数。因此代词的分类原则，在很多语言中比我们在欧洲语言群组中所看到的贯彻得更为严格。

另一方面，在很多语言的代词形式中也能够发现缺乏单数和复数的明确区分的情况。例如苏族语不对第二人称单数和复数进行任何区分，它只在第三人称单数和复数之间存在一个十分不完整的区分；然而，第一人称单数和复数，根据它们意义上的根本差异，被明确地区分开了。在一些苏族语同源语中，我们或许有理由说它们的代词对象只有第一人称单数、第一人称复数和第二人称，并不存在其他对象的代词。因此代词系统（system of pronoun）可以缩减为仅仅是我们所习惯于看到的那样的系统的一小部分。

2.4.3 指示代词

在很多情况中，人称代词（personal pronoun）和指示代词（demonstrative pronoun）的类比是严格的，指示代词也和人称代词一样有三个人称。例如夸扣特尔语会说 *the house near me*（this house）[离我近的房子（这所房子）]，*the house near thee*（that house）[离你近的房子（那所房子）]，*the house near him*（that house）[离他近的房子（那所房子）]。

但是其他观点也会加进与人称代词相对应的划分原则之中。例如，夸扣特尔语以及很多其他美洲语言，在我们刚才讨论的代词概念中加入了可见性（visibility）和不可见性（invisibility），而切努克语则加入了现在和过去这两个概念。或许在爱斯基摩语中指示概念发展得最为充分，在这种语言中不但存在与三个人称代词相对应的概念，还存在相对于说话者的空间位置的概念（指明了七个方向：中、上、下、前、后、右、左），以及表达相对于说话者位置的罗盘的 32 个方位（points of the compass）的概念。

必须记住的是，此处提到的划分在所谈到的语言中都是清晰表达的必要构件。例如，在夸扣特尔语中，使用类似于我们的 *that house*（那所房子）（在英语中它的意思是 *the single house away from the speaker* [远离说话者的单所房子]）这样的表达是不能想象的。夸扣特尔语必须用下列六种形式之一来表达这个概念：

The (singular or plural) house visible near me

[离我近的可见的（一所或多所）房子]

invisible near me

（离我近的不可见的）

visible near thee

（离你近的可见的）

invisible near thee

（离你近的不可见的）

visible near him

（离他近的可见的）

invisible near him

（离他近的不可见的）

而爱斯基摩语则会将类似于 *this man*（这个人）的这种表

达表述为：

This man near me

（这个离我近的人）

near thee

（离你近）

near him

（离他近）

behind me

（在我后方）

in front of me

（在我前方）

to the right of me

（在我右边）

to the left of me

（在我左边）

above me

（在我上方）

below me, etc.

（在我下方，等等）

2.4.4 动词范畴

我们可以在动词中贯彻类似的差别。在我们的印欧语中，我们有表示人称、时态、语气（mood）以及语态（voice）的表达方式。这些群组所代表的概念在不同语言中发展得相当不均衡。在很多情况中，表达人称的形式是简单地通过人称代词和动词的组合来实现的；而在其他情况中，表达人称关系的语音复合体（phonetic complex）以惊人方式发展了起来。例如阿尔贡金语和爱斯基摩语拥有表达出现在及物动词之中的主语和宾语之间的确切关系的语音组。例如，在像 *I strike thee*（我打你）或 *They strike me*（他们打我）这样的句子中，代词的组合 *I — thee*（我—你）以及 *they — me*（他们—我），是用特殊的语音等价物（phonetic equivalent）表达的。甚至，在有一些情况中，间接宾语 [indirect object, 像句子 *I send him to you*（我派他去找你）] 可由一个单独的形式表达。这里所提到的形式的典型特征是，组合的代词不能被分解为它的组成成分，虽然从历史上看，它可能产生于一些单独的形式的组合。很明显，在代词的发展如同我前面所提到的苏族语言那样不充分的情况中，我们所习惯的动词的代词性形式的确定性完全消失了。例如在苏族语中动词也可以单独用于具有某些抽象性的言语行为概念，就像用于陈述语气（indicative）的第三人称那样。

更为基本的是关于时态和语气（mode）的存在方面的差异。我们习惯于时态总是绝对清楚地表达出来的动词形式。在句子 *The man is sick*（这个人生病了）中，我们实际表达的意思是 *The single definite man is sick at the present time*（一个明确的人目前在生病）。这种对发生的事情的时间关系的严格表达在很多语言中是没有的。例如，爱斯基摩语在表达同样的意思时，会简单地说 *single man sick*（单个人病了），究竟这个人是过去生过病、目前在生病还是将来要生病，是完全不确定的。这种情况与前面讨论的复数的情况类似。爱斯基摩语当然可以表达这个人究竟是目前在生病、过去生过病还是将来要生病，但是它的句子的语法形式并不要求时态关系（tense relation）的表达。在其他情况中，时态概念（temporal idea）可能会比我们所熟悉的语法表达得更为精密。通常，在具有多重时态的语言中，它们的表达形式中包括了某些时态概念（tense concept）的变体，可称为“准时态”（semi-temporal）。比如始动态（inchoative）表示一个行动的开始，持续态（durative）表示行动持续的时间范围，过渡态（transitional）表示一种存在状态向另一种存在状态的转变等。这些时态的存在与否，语言间的一致性很弱，很多语言的特点表明时态无论如何都不是清晰表达所必需的。

适用于时态的也同样适用于语气。只有一种语气或至多只有陈述语气和祈使语气（imperative）的语言数量可观；虽然在这种情况下，如果看起来可取的话，从属关系（subordination）的概念也可以表达。我在此给出的几个例子表明很多我们倾向于认为很重要的范畴在外语中可能并不存在，其他的一些范畴可能会作为替代而出现。

2.5　语法范畴的解释

如果对这意味着什么思考片刻，我们便会认识到在每一种语言中我们头脑中的完整的思想（complete concept）只有一部分得到了表达，并且每种语言对由思想表达式所传达的精神意象（mental image）的不同方面的选择有特定的倾向性。再次使用我前面提到的那个例子：*The man is sick*（这个人生病了）。在英语中，我们通过这个句子表达了如下意思：*a definite single man at present sick*（一个明确的人目前患病）。在夸扣特尔语中，这个句子以最大限度的模糊形式可以表述为一个具有以下意思的表达式：*definite man near him invisible sick near him invisible*（明确的离他近的不可见的人离他近的不可见的患病）。当然，我们的例子中也可以选用第一人称和第二人称的可见性和临近性（nearness），以代替第三人称的可见性和临近性。

然而，在这种语言中这个句子的惯用的表达式（idiomatic expression）会更为明确，会用一个有点像下面这个句子的表达式：*That invisible man lies sick on his back on the floor of the absent house*（那个不可见的人生病躺在不在现场的房子的地板上）。另一方面，在爱斯基摩语中，同样的意思则可能通过如下的形式表达：*(single) man sick* [（单个）人病了]，地点和时间完全不明确。在彭加语中（一种苏族语同源语），同样的意思可能需要对这个人是静止的还是移动的进行判定，可能会使用如下形式：*the moving single man sick*（那个移动的单个人生病了）。如果我们考虑到惯用表达式的更多特征，这个例子可以通过添加动词形态（modality）的方式进一步扩展；例如夸扣特尔人（他们的语言我已经作为例子用过多次）会要求用一个形式来指明这是不是一个在会话（conversation）中引入的新的主体；并且，假如说话者并没有亲眼见到生病的人，那么他就需要去表达他究竟是通过听说、证据还是做梦得知他生病的。

然而，将语言惯用形式可能要求的精确表达的可能性考虑在内会使我们当前的讨论复杂化，我们似乎最好不要那样去做，而只是考虑根据这种语言的词法（morphology）而必须表达的那些句子构件。

我们根据这里给出的例子得出如下结论：在关于各种不同语言的特性的讨论中，会发现不同的基本范畴，并且在各种不同的语言的比较中，为了确定每种语言的恰当位置，有必要全面比较它们的语音特征、词汇特征以及语法概念（grammatical concept）特征。

第三章　语言的分类

3.1　同源语的起源

在很多情况下，语言间亲缘关系（genetic relationship）的判定是极为简单的。无论在哪里发现了语音上的、词汇上的以及语法细节上的高度相似性，我们对所研究的语言属同一个祖先形式（ancestral form）的变体这一点，就不会有丝毫怀疑。

从某种意义上讲，单一语言分化为许多同源语是自然而然的事情。当说同样语言（tongue）的人们停止了交际，发音上的独特性容易在不同地区表现出来，并且会固定下来。在某些情况下，发音上的改变会逐渐增加，并且会改变得十分彻底，以至于形成了原始语言的几种完全不同的形式。与此同时，词容易承担新的意义，并且如果人们的分隔伴随着文化的分化的话，这些变化会以非常快的速度发生。

在这种语音变化（phonetic change）以及词义变化之中，我们总能够观察到某种程度的规律性（regularity），因此新的同源语和更老的形式之间的历史关系（historical relationship）总是能够轻易地建立起来，并且可与生物的一系列世代间发生的变异（modification）相比拟。

另一种形式的变化也会发生，这也与生物演化（biological transformation）类似。我们必须认识到语言的起源（origin of language）绝不能够从曾经活跃但现在已经消失的那些人类禀赋（human faculty）中去寻找。事实上，语言手段（linguistic device）与语言材料（linguistic material）的新的增长在不断进行。这种语言的自然增长可能发生在新的同源语之中的某一个，而不会在其他的同源语之中发生。这些虽然与更老的语言的结构相关联，但它们在特点上可能极其新颖，以至于它们不能够直接与祖先语言（ancestral language）相联系。

还必须考虑到，这些同源语中的每一种都可能吸纳新的材料。然而在所有的旧的材料构成了语言材料的主体的情况中，它与祖先语言（ancestral tongue）的密切联系可以轻易地辨识出来。在所有这些情况中，语音、语法结构（grammatical structure）的细节以及词汇都会表现出广泛的相似性。

3.2　不同语言间的比较

当上述特点上的相似性中的任何一方面变得不那么明显的时候，问题就会变得更加困难。随着我们关于原始语言的知识的扩展，我们发现下列情况并不罕见：在某些连续区域中使用的多种语言在词汇和语法形式方面表现出了根本性的差异，但它们的语音成分却表现出高度相似性。在另外一些情况中，语音成分方面的相似性不那么明显，但是却可能存在着结构细节方面的高度相似性。此外，很多研究者业已指出某些词的特别的相似性，但是却不能说明它们的语法形式和总体语音特点的一致性。这种情况的例子有很多。例如，在美洲，在俄勒冈州（Oregon）海岸和圣伊莱亚斯山（Mount St. Elias）之间使用的诸语言，语音相似性（phonetic similarity）是相当显著的。这些语言都具有以下特征：存在许许多多特殊的 *k* 音和 *l* 音，发音时的强重音的倾向，以及在大多数情况下使用一串辅音的倾向。结果是，在我们听来，这些语言既粗糙又刺耳。尽管有这些相似性，但是它们的语法形式和词汇完全不同，以至于这个地区的语言看起来绝不可能有一个共同的起源。南非也有类似的例子，那里的班图黑种人（Bantu negroes）、布须曼人（Bushmen）和霍屯督人（Hottentots）使用一些特殊的音，它们是由吸气而不是呼气发出的，这些音原来称作“吸气音”（click）。尽管他们的语言中存在这种非常特殊的共同特点，但是它们的语法并不相似，它们的词汇也几乎没有相似之处。

再以北美洲的苏族语和易洛魁语为例，两个语系曾经临近，它们以拥有很多鼻化元音为特征；再如加利福尼亚州诸语言的语音特征，它们在我们听来和谐悦耳，与北太平洋海岸诸语言形成了鲜明的对比。

必须指出的是，大体上，当我们将整个区域和临近地区相比较，这种有限区域的语音特征会以其最为显著的形式显现出来。它们通过和外语语音的对比而不是通过它们之间的比较构成一个单位，在这样的一组语言中每一种语言都有自己独特的特点。例如，北太平洋海岸的特里吉特语（Tlingit）和哥伦比亚河的切努克语有很大的不同。然而，当两种语言与南加利福尼亚州语言相比较的时候，例如苏语或阿尔贡金语，两种语言的共同特点会以一种相当显著的程度显现出来。

对语音适用的，对语法形式也同样适用，这显然是世界上所有语言的一个典型特征。特别是在北美洲，这样的语言群组可以轻易地找到。对这个问题的更为细致的讨论会在另外的地方给出，在这里作出如下的说明就已足够：在我们大陆的西北海岸的一片连续区域内使用的语言（例如阿撒巴斯卡语、特里吉特语以及海达语）当它们和临近的语言（例如爱斯基摩语、阿尔贡金语以及钦西安语）相比较的时候会显示出某些共同特征。类似地，许多加利福尼亚州语言，或英属哥伦比亚南部的那些语言以及像波尼语和易洛魁语那样的语言，它们各自都以在其他语言中无法找到的某些特点为特征构成一个群组。

在存在这种词法相似性（morphological similarity）却不存在相应的词汇相似性（similarity of vocabulary）的情况中，判断这些语言是否可视为同一种母语言（parent language）的后裔将变得极其困难；在很多情况中，我们的判断必须中止，因为一方面这些相似性是广泛的，而另一方面，我们却又能发现根本性的差异，以至于我们必须假定引入了完全外来的成分（foreign element），否则就无法解释它们。

最近，类似的现象导致 P. W. 施密特（P. W. Schmidt）认为印度支那（Farther India）和马来西亚（Malaysia）的语言是相关的；莱普修斯（Lepsius）也讨论过同样的问题，曼霍夫（Meinhoff）在关于霍屯督语和一些东非语言（east African languages）以及北非（North Africa）哈姆人（Hamitic）语言的关系的探讨中也讨论过。

困难也会出现于以下情况：可以发现相当多的相似的词，

但是却没有相应的语法形式相似性，所以我们可能不愿将这些语言归为一组，虽然它们在词汇上有相似性。

在美洲语言中，词汇的比较带来了特别的困难。不幸的是，我们关于美洲语言的知识是很有限的，在很多的情况中我们被限制在收集到的几百词的范围之内，并且没有关于它们的语法形式的任何信息。由于很多美洲语言极为倾向于构造不同种类的复合词（compound word）和派生词（derivative），在这种词汇中辨识出词的组成成分是非常困难的，并且偶然的相似性常常会闯入，而关于这些语言的更为全面的知识会证明它们并没有任何价值。

撇开这个实际的困难不谈，下列情况也可能经常发生：在临近的语言（neighboring languages）中，同一个词项被用来表示同样的对象，而这并不是因为这些语言有亲缘关系，而只是因为这个词是这些语言之中的借词（loan word）。由于我们通常收集的词汇包括了表示最经常使用的事物的词项，似乎在它们之中很有可能会存在一些借词。

甚至当可用的材料更为完善并且对它们进行了更为全面的分析，对词汇表面相似性的重要性的怀疑也可能出现。

3.3　语言间的相互影响

在所有这些情况中，最终的判断将取决于对下列问题的回答：不同语言可以在多大程度上相互影响，以及一种语言在不遭受外语影响的情况下在多大程度上会偏离它的母类型（parental type）。虽然确切地回答这些问题的时机似乎尚未成熟，但是证据似乎赞成这种广泛影响的存在性。

3.3.1　语音影响

就语音而言，这或许是最为明显的。很难想象，为什么一些在连续区域中使用的语言，在词汇和语法结构上完全不同，却会具有相同的语音特征，除非通过模仿（imitation），某些语音特点会超出一种语系的范围而存在。虽然我不知道是否有关于这种现象的明确的历史证据，但是像南非的班图语和霍屯督语中出现的现象几乎不会接受任何其他的解释。在或多或少的显著程度上，这也适用于其他的那些截然不同却邻近的语言。

不能否认这种音的转移的可能性。例如，美洲印第安人，不同部落间通婚（intermarriage）频繁，女性奴隶既抚养她们自己的孩子，也抚养奴隶主的孩子。由于部落由较少的个体构成，所以掌握几种不同语言的个体无论如何都不罕见。因此，一种语言有充足的机会对另一种语言施加语音影响。这个解释是否充分，是一个有待于更进一步的历史研究（historical study）去判断的问题。[①]

3.3.2 语法影响

一种语言对另一种语言的句法（syntax）影响，甚至在某种程度上，一种语言对另一种语言的词法影响，也是有可能的。对欧洲语言的研究已经清楚地证明了拉丁语（Latin）对所有现代欧洲语言的句法所施加的深刻影响。我们也可以认识到某些表达的句法形式（syntactic form）是如何存在于美洲大陆上的相邻语言之中的。举个此类的例子，我们发现在北太平洋海岸的极其多样的语言之中，命令是以委婉形式（periphrastic form）给出的：如果你如此这般做就好了。在很多情况中，这种委婉形式已经完全取代了平常的祈使语气。所以，很有可能一种语言的一组通过语法形式表达的心理上的概念会在另一种语言的影响下产生；并且很难说，如果我们一旦承认这种影响，由这种作用所导致的变化限度在哪里。

另一方面，看起来极其难以理解的是为什么一种语言的最基础的词法特征会在另一种语言所呈现出的另一种思维形式

[①]另见本书第81页。

的影响下消失。这将意味着更多的语法形式会消失，并且全新的范畴会发展起来。我们当然不能否认这种类型的广泛的变化是可能的，但是在接受它们的存在之前，每一个个案我们都需要最谨慎的论证。

在欧洲语言中新后缀的引入无论如何都不罕见。例如，法语词尾*-able*在英语中运用得如此频繁，以至于这个词尾本身获得了某种独立性，我们可以构成像*eatable*或者甚至像*get-at-able*这样的词，其中原本属于法语的词尾被加到了英语的词上。以类似的方式，法语动词词尾（verbal ending）*-ir*与德语不定式词尾（infinitive ending）*-en*结合在一起，被用在了大量德语词中，就如同它是一个地道的德语词尾一样。然而，我并不知道任何能够表明一种语言在另一种语言影响下发生彻底的词法特征改变的观察资料。

3.3.3　词汇影响

虽然不同语言间语音的相互影响以及不同语言中词法特征的改变仍模糊不清，词的借用却很常见，并且有时会具有极大的规模。英语词汇是这种不同语言词汇广泛融合的极好的例子，它的形成方式具有启发性。盎格鲁-撒克逊人（Anglo-Saxon）不但采用了诺曼（Norman）征服者的一大批词汇，还接受了老凯尔特语（Celtic）的一些词项，并且也采用了挪威（Norse）入侵者的一些词；而且我们也发现，较晚的从拉丁语和希腊语中引进的词，它们是随着艺术与科学的进步而引入的，并且从受教育的阶级传导到未受教育的阶级。此外，说英语的人从在世界上不同地方接触到的那些文明程度较低的民族那里引入了数量众多的词项。例如，澳大利亚人（Australian）以及印度裔英国人（Indian-English）都分别采用了大量本地词项，它们之中有很多已经进入了现代英语的口语和书面语（colloquial and written modern English）。这个现象如此常见，并且新词（new word）进入一种语言的过程如此明显，以至于我们并不需要对其进行全面讨论。这里可以提到的另一个例子是土耳其语（Turkish），它采用了大量的阿拉伯语词。

在这样一个从一种语言到另一种语言的词汇转移过程中，词当然会经历广泛的变化。这可以部分地归因于语音的困难性（phonetic difficulty），体现在将一组不熟悉的音改造为吸收这个词的语言所熟悉的一组音。可能会存在着将一个词的语法形式改造得与更为熟悉的形式相似的同化作用（assimilation）。此外，词义的改变也很常见，在这个词变得完全熟悉以后，这个词可能产生新的派生词，就像其他的本土词（native word）一样。

在这个方面，一些美洲语言与欧洲语言比较起来，似乎表现得比较奇怪。在欧洲，词的借用在新事物最初被引进的时候尤其常见。在几乎所有这些情况中，外来名称（foreign designation）在被接收时经历了或多或少的基础性语音变化。这种类型的例子，比如 *tobacco, canoe, maize, chocolate*，这几个词是从美洲语言中借来的，我们可将其作为例证。另一方面，美洲土著通常并不以这种方式吸收词，而是更为经常地新造用来表示新事物的描写性的词（descriptive word）。例如，英属哥伦比亚的钦西安人用一个意思为看起来像蛆的词项来表示大米。夸扣特尔人称轮船为背上有火水上行走。爱斯基摩人称烟丝为使走味。这种类型的词被广泛使用；不过，从英语中来的借词也绝不罕见。*biscuit, dollar, coffee, tea* 这些词项在大量印第安语言中都可发现。描写性的词在美洲语言中比在欧洲语言中更为常见的大致原因在于描写性名词的频繁出现。

所以，我们发现在语言的分类中我们必须考虑两组现象：可以轻易地证明是源于单一祖先语言的变化的差异；不能够这样解释的相似性，并且它们之中有一些可能是语言混合的作用导致的。

3.4 相似性的起源：通过散播或平行发展

在继续进行这一论述之前，我们必须讨论一下这种相似性的两种逻辑上的可能性。它们可能是由于源自一个共同来源的散播（dissemination），它们只产生了一次，进而通过人们之间的相互影响扩散开来；也可能是由于世界上不同地方的独立的起源（independent origin）。

这种两者择一的情况存在于所有种族现象的解释之中，并且它是民族学者（ethnologist）和语言研究者必须清楚的基本问题之一。例如，过去对美洲种族在人类种族中的位置的思考中，我们总是假设新世界和旧世界民族之间存在的相似现象证明了他们之间的亲缘关系。很明显，这种证明亲缘关系的方法假设不管哪里出现了一些相似性，它们一定是由分布在世界上不同地方的同一个民族的人携带的，所以它们可以被认为是共同血统的证据。这种方法并没有考虑到文化元素（cultural element）从一个民族到另一个民族逐渐扩散的可能性，以及另外一个更为重要的可能性：相似的现象在世界上相隔遥远的不同种族中的平行却独立的发展。因为这种发展在逻辑上是可能的，所以亲缘关系的证据绝不能只建立在偶发的相似性（sporadic resemblance）的基础之上。

只有历史证据能对这个棘手的难题做出最终解答，但这种证据几乎是不可能获得的，正因此对于这个问题的系统论述必须总是以最谨慎的态度向前推进。

世界上相隔遥远的地方的已经记录下来的种族现象的孤立的相似性案例极多，它们当中有很多完全不能证明是从别处传播而来的。例如，如果南美洲印第安人使用的神圣乐器（sacred musical instrument）绝不能让女性看，再如果相同的风俗似乎在澳大利亚土著中流行，那么我们不能接受这种假设，即这两个相隔遥远的地区看起来相同的风俗是由传播的缘故导致的。完全能够理解，这个风俗可能在各个大陆独立地发展起来。另一方面，在很多情况中，某种独特而复杂的风俗分布于大片连续区域之中，在这片区域的大范围传播似乎是这种现象的合理解释。在这种情况下，即使这种现象是由所讨论地区的不同地方的独立起源导致的，当前的分布也可以通过广泛散播的假设得到完全的解释。

例如，在分布于广阔区域的一些相似传统的情况中，它是正确的。这种情况的一个例子是两个女孩的故事，她们注意到了两颗星星，一颗明亮一颗较小，她们希望这些星星成为她们的丈夫。第二天早晨，她们发现自己在天上，嫁给了这些星星，后来她们试图通过天上的孔洞降落返回地球。这个相当复杂的故事分布于美洲大陆的广阔区域，从新斯科舍（Nova Scotia）到密西西比河河口，西至落基山脉（Rocky mountains），甚至分布于太平洋上的一些地方，例如阿拉斯加（Alaska）和华盛顿州。在这个例子中，似乎很难假设这个故事是在许多不同地点独立创作的；相反，我们必须假设，在这个故事获得了它目前的形式后，它通过散播扩散到了这片大陆上它现在分布的区域之中。

在极端情况中，从这两种解释中得出的结论似乎相当不容置疑；但是自然也存在相当多的其他情况，即所讨论的现象既不足够复杂又没有分布在一片足够大的连续区域内，因此并不能将我们很确信地引致通过散播而来的结论上去；并且还存在其他情况，即偶见的分布看起来奇怪地排列着，它们之间发生接触的可能性是模糊不定的。所以，经常会出现无法得出满意结论的情况。

我们也必须考虑到，在许多情况中连续的分布曾经存在过，但可能后来变得不连续了，因为所讨论的现象在中间区域消失了。然而，如果我们想采用一种稳妥的方法，我们就绝不可承认零星分布是由这种原因所致，除非它们能够被其他证据切实地证明；否则的话，那就几乎可能将世界上任何部分与其他部分联系起来。

相似的种族现象在世界上相隔遥远的地方的普遍存在，也容许如下解释：某些风俗习惯在非常早期的时候对大部分人类而言是共同的，它们在各处保存了下来，一直延续到现在。不可否认，这种观点有某些有利成分；但是就我们目前的知识状况而言，我们还很难说它们能不能被证明或证伪。在语言的相似性方面，我们面对着同样的基础性难题，这些语言的相似性太过模糊，不能被视为亲缘关系的证据。它们的存在是显而易见的。这里我们不但有在前面的章节中已经讨论过的所有人类语言的共同特征，也有某些其他的在这里必须考虑的相似性。

3.5 环境对语言的影响

经常有人主张相邻的语言和风俗的相似性可以通过环境的影响得以解释。这种理论的指导思想是人类在类似条件的促使下会产生相同的结果；所以，如果同一个种族的成员生活在同样的环境中，他们会产生（例如在他们的分节语言中）同一类语音体系，或许它们会根据环境的差异而在细节上有所不同，但它们的基本特征是相同的。例如，一方面，曾经有人声称北太平洋海岸的潮湿的暴风雨气候使那里的居民罹患慢性黏膜炎，而这又进一步导致他们用喉咙发音以及他们语言的粗糙；另一方面，加利福尼亚州的温和气候使得那里的语言具有和谐悦耳的特点。

我不相信世界上会有什么地方的细致调查研究会支持这一理论。我们可能需要这方面的证据：同一种语言，当分布于不同气候之中的时候，会产生同类变化，如同那些这里所展示的那样；并且我们可能进一步需要下列证据——无论哪里发现了相似的气候，那些地方的语言至少会存在某种程度的语音相似性。可能很难证明情况确实如此，即便我们接受下列理由：变化着的影响使得语音特点原本的相似性变得模糊了。例如，将北极（Arctic）属于新世界和旧世界的人看作一个单位，我们在爱斯基摩人、东西伯利亚的楚克其人（Chukchee）以及其他北极亚洲人和欧洲人的语音体系中发现了根本性的不同特点。亚洲、南非以及北美洲西南的沙漠地区语音体系无论如何都不相同。北美洲的草原部落，虽然生活在几乎相同的气候中，分布于相当大的区域内，他们语言的语音体系呈现出了显著的差异；另一方面，属于撒利希语系（Salish family）的那些部落之中，生活在落基山脉以东、英属哥伦比亚内地的人所说的语言并不比生活在华盛顿州北岸的他们的同族人所说的语言少些粗糙。在根据气候整理语音体系的任何尝试中，不符之处会那样地多以至于贯彻这种理论的尝试会导向解释例外的必要性，而不是导向能够支持这个理论正确性的例子。

对语音适用的，对词法和词汇也同样适用。我不认为会有人主张相似的词必然是在同样条件的促使下产生的，虽然，如果我们认可这个原则的正确性，便没有理由将词汇视为例外。

我认为这个理论在语言学领域要比在民族学（ethnology）领域获得的支持更少。诚然，每个民族都在某种程度上适应其周围环境，并且它甚至会根据自己文化的基本特征最大限度地利用其周围环境，但是我不相信，在任何一个案例中，可以通过周围环境的影响来解释一个民族的文化。北极北部美洲的爱斯基摩人没有广泛地使用木材，因为在那些地区木材是稀有的，而巴西（Brazil）森林地带的印第安人则并不熟悉雪的种种功用：这是不证自明的。我们甚至可以更进一步承认，一旦某些物质、植物、动物的功用（例如热带地区的竹子、美洲北太平洋海岸的雪松、北极地区的象牙、北美洲平原的水牛）被人们认识以后，它们将会得到最为广泛的运用，并且会出现众多的发明以扩展它们的功用。我们也可能会承认，一个国家的物产的分布、旅行的困难和便利、达到某些目标的必要性，都会深刻地影响人们的习惯。但是即便如此，地理条件对基本文化特征的影响不会超出修饰性影响的范围。如果不是这样的话，那么发明创造、信仰、习惯以及其他民族学现象的分布的特殊事实将会难以理解。

例如，地下住所（underground house）的使用在美洲和亚洲都有分布，从高原地区的北部到大平原（Great Plains）的部分地区，向北延伸到北极地区；穿过白令海峡（Bering strait），我们发现它们使用于亚洲太平洋沿岸，向南一直延伸到日本北部，更不用说欧洲和北非的地下住所了。这片区域的气候有相当大的差异，在这片区域的很多地方无论如何都不存在使用地下住所的气候方面的必要性。

在类似区域我们发现了通过在弓上覆盖肌腱以增加弹力的风俗。虽然在北极地区特别需要这种工艺，因为那里没有弹性强的木材，但是它在落基山脉更靠南的部分或亚洲东海岸沿岸地区显然并不是必需的，因为那里有许许多多弹性很强的木材可用。然而这一发明的有用性似乎使它在一片广阔的区域里被普遍地使用着。

我们也能举出大量例子来说明人们对其周围环境的适应无论如何都不完美。例如，爱斯基摩人虽然善于发明创造却从来没有想到要去驯化北美驯鹿，而楚克其人却拥有大规模的驯鹿牧群：我们该如何解释这个事实呢？另一方面，为什么随着驯鹿牧群不断迁移的楚克其人要使用那么沉重的帐篷以至于得用一连串雪橇来运输，而爱斯基摩人却将帐篷的框架简化到只用一个雪橇就能带着它四处移动的程度呢？

另一个类似的例子是北极阿撒巴斯卡部落和爱斯基摩部落在住所上的差异。尽管气候严酷，前者生活在轻质的兽皮帐篷里，而爱斯基摩人则成功保护了自己免受冬季狂风大雪之苦。

在民族迁徙中发生的事情实际上似乎是这样的：一个定居于新的环境之中的民族会首先固守他们的旧习惯，为了生活得舒适，只有在绝对必要的情况下才对其进行调整，生活的舒适在重要性上通常是次要的，因为惰性（inertia）或保守主义（conservatism）阻止了一个民族改变其确立起来的习惯，这些习惯已经变得如此地惯常，以至于它们或多或少已经成为无意识的了，它们的任何改变都会让人觉得十分不同寻常。

甚至当一个民族一直定居在一个地方，历史的影响似乎也要比地理的影响大得多。我倾向于用这种方式去解释，例如，北极亚洲部落和北极美洲部落之间的文化差异，以及北美洲南部高原部落和北美洲北部高原部落的习惯差异。在南部地区可以觉察到普韦布洛人（Pueblo）的影响，而偏北的地区马更些盆地（Mackenzie basin）的更简单的文化则构成了此地民族文化的基调。

虽然我完全承认地理环境对生活的重要性，但是我不相信它能被赋予一个与传承下来的文化以及周围部落的文化所施加的影响相比拟的位置；似乎很可能，环境的直接影响越小，它就越不能被用来解释特殊的民族学特征。

就我们所关心的语言而言，地理环境和气候的影响似乎是极为轻微的；并且只要我们连人的整个有机体（包括发音器官）直接受地理环境影响这一点都不能证明，我认为我们就没有正当理由将这一因素视为人类语言的形成和变化过程中的本质要素，更不能将其视为可以用来解释相邻区域语言相似性的原因。

3.6 共同精神特征的影响

那种诉诸不同地理区域的同一种族所共同具有的特殊精神特征（psychic trait）的假设似乎同样靠不住。例如，有可能认为前面曾经提到的阿撒巴斯卡语、特里吉特语和海达语在某些基本词法特征方面的相似性，是由于这三个民族具有某种其他美洲部落所不具有的共同精神特征。

假设在体格类型方面不同的同一种族的不同群组之间具有轻微的精神气质方面的差异，这似乎是完全可以接受的。假如我们可以通过解剖学研究的方式证明，一个种族的一部分人的身体形式，以及和它相伴随的神经系统（nervous system）和大脑（brain）与这个种族的另一部分人在这些方面表现出差异，那么作出体格差异伴随着精神差异的结论便显得有理有据。然而，我们必须考虑到的是，体格差异的程度通常是极为轻微的，并且在每种地理类型的范围内，会观察到与这些类型的平均状况间的总差异相比还要大的差异。如图 3.1所示：

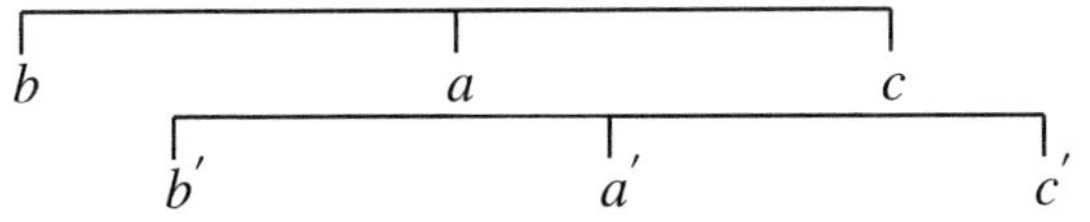

图 3.1　类型分布示意

如果 a 表示一种类型的平均状况，b 和 c 是它的极端状况；a' 表示另一种类型的平均状况，b' 和 c' 是它的极端状况，并且如果这些类型是这样一个在另一个上面分布的，第二个序列中的类型对应着在它上面的第一个序列中的类型，那么我们会发现两种类型的人之中绝大部分是十分相符的，并且只是在极端情况中一组比另一组更为常见。也就是说，体格差异并不是类型差异，而是或多或少的程度差异，并且两种类型之间必然会发生相当程度的重叠。

如果关于体格类型的这些论述是正确的，并且更进一步地，如果精神类型差异只是由观察到的体格类型差异推知的，那么，我们必须假定精神类型也会发生同样的重合。所以，我们所处理的差异只是非常轻微的，而这些细微的差异似乎不太可能导致完全不同的结果。

事实上，前面我们已经给出的证据[①]，即同一种语言可以被完全不同类型的人使用，清楚表明在目前解剖学类型上的差异对语言所起的作用是多么地轻微，并且没有理由认为它曾经起过更大的作用。从这一观点来考虑这个问题，人类的各种群组遗传的精神差异，特别是在同一种族之内，似乎是如此地细微以至于我们很难相信它能够以任何途径解释不同语言特征方面的根本性差异。

3.7 语系定义的不确定性

这个问题仍然没有解决：当不同语言的相似性已不足以证明它们之间的亲缘关系时，它们的相似性该如何去解释呢？根据我们已经讨论的，我们可以作出如下结论：甚至在那些能够轻易证明它们具有亲缘关系的语言之中，我们仍然可以在不同的部分发现一些独立的成分。这些独立的成分，可能部分地归

[①] 见本书第 7页。

因于某种同源语中发展起来的新倾向，也可能部分地归因于外语的影响。非常有可能的是，这些新倾向和外语的影响可能达到如此重要的程度以至于这种新的语言仍然可以被认为和祖先语系有历史联系，但是由它派生的其他语言，由于祖先语言中所没有的成分已经变得那样重要，以至于它们已经不能被认为是那个更老的语系的分支。

所以，我们会发现，语系概念不能清楚地定义；甚至同一语系的诸同源语之中也会存在或多或少的外语材料，从这个意义上讲，这些语言，就像保罗（Paul）所指出的那样[①]，从严格意义上讲，并不是单一祖先语系的后裔。

所以，确定无疑地相关的语系中语言的最终分类的整个问题似乎注定继续悬而未决，直到我们关于不同语言发展过程的知识变得比现在更为完备时为止。在这些情况下，我们必须将我们限制于对能够给出确定无疑的关系证明的语系之中的那些美洲语言进行分类的范围之内。超出这一点，我们能做的只有给出某些确切的分类，并指明这些分类中某组语言的共同特征，但至于这些共同特征的重要性，则留待以后去确定。

[①]保罗（Paul），《历史语言学原理》（*Principien der Sprachgeschichte*）。

第四章　语言学和民族学

对语言学研究在印第安民族志学（ethnography）研究中的作用进行一些探讨似乎是可取的。

4.1　民族学对语言学研究的实际需要

首先，我们可以考虑这个问题的纯实用性方面。通常，探访印第安部落的研究者并不能通过自己和当地人交谈来获得一手资料，他们不得不或多或少地依靠翻译转述的资料，或至少是依靠翻译的帮助获得的资料。他会通过翻译来提问，并且也从翻译的口中获知印第安人给出的答复。很明显，这并不是一种让人满意的方法，即便翻译的水平很高；但是，一般来说，能够找到的翻译要么不够熟悉英语，要么和印第安人的观点完全没有同感，并且对研究者对准确性的需求缺乏理解，所以他们提供的信息只能相当谨慎地去使用。目前，在美洲的很多地区可以不依靠翻译，而是借助于白人和印第安人在交往过程中广泛发展起来的贸易行话（trade-jargon）。然而，这种研究当地人风俗的方法也很不理想，因为，在某些情况下，贸易语言（trade-language）的词汇极其有限，它几乎无法传达关于宗教、哲学思想或当地艺术的更高层面的信息，然而这些方面在印第安人的生活中都起着极为重要的作用。每当研究者和特别聪明的翻译一起工作时，往往会出现另一个困难，即翻译十分容易接受研究者的观点，因此他所提供的信息将带有强烈的偏差，因为他并不能像训练有素的研究者那样很好地抵制先入为主的理论的干扰。任何曾经和聪明的印第安人一起工作的研究者都能回想起此类经历：翻译会根据经由他提出的问题形成一个理论并且在他先入为主的思想的指导下翻译他的答复。这一切都是显而易见的，它基本不需要去详尽讨论。当我们将我们期待的旧世界文化研究者使用的方法和研究原始部落（primitive tribe）的民族学者使用的方法相比较时，我们的需求变得尤其明显。没有人会期待从一个既不能自如地说汉语或日语，又没有掌握他们的文献（literatures）的人那里得到关于中国或日本文明的权威解说。人们期待古代风俗习惯的研究者能够透彻地掌握古代语言。如果一个研究阿拉伯半岛（Arabia）或土耳其（Turkey）伊斯兰教徒（Mohammedan）生活的研究者只是从二手资料中获取知识，那么他很难被人们视为严肃的研究者。但是，民族学者，大多数情况下，连略懂一个民族的语言都做不到，却试图阐明这个民族最隐秘的思想和感情。

美国民族学者确实面临严重的实际困难，因为在当前的美洲社会里，大量的风俗和习惯显然已经不复存在，研究者被迫依靠从那些年轻时仍践行这些风俗的老一辈口中记录下来的对过去风俗的描述。不止于此，他们还面临着训练有素的研究者十分匮乏的困难，并且相互间不能通话的美洲语言的数量非常大，或许能超过 300 种。我们从事调查的民族学者也拒绝在任何特定部落上面花费相当长的连续时间，所以在学习他们语言过程中的实际困难几乎不可逾越。虽然如此，我们必须强调掌握他们的语言是获取准确和全面知识的必不可少的手段，因为很多信息可以通过聆听当地人的对话以及参与他们的日常生活来获得，但是这对于没有掌握他们语言的观察者来说是完全无法获得的。

必须承认，在目前的条件下，这种理想的目标完全无法实现。然而，对民族志学者而言，获取当地语言的理论知识是很可行的，这些知识至少能够使他们收集到部分信息，而这些信息只有通过当地语言的实用知识（practical knowledge）才能最大程度地去获取。幸运的是，印第安人容易误认为观察者既然能读出他们的语言也就能够理解他所读的东西。例如，通过记下用当地语言讲述的故事或其他记录，并把它们读给印第安人听，印第安人总是相信朗读者也理解他所读出来的东西，因为对他们而言，一个人能够自如地读出他们语言的句子却不能清楚地理解这些句子的意义是相当不可思议的事情。这个事实可减轻用当地语言记录民族志学信息的初始阶段的困难，因为一般说来，北方印第安人迫切想记录下与他们最高利益有关的问题。如果观察者能够通过快速分析理解口授给他的东西的意义，那么即便他不能自如地运用当地的语言，他也能获得通过其他方式完全无法获得的信息。尽管这完全是一个权宜之计，但它已经可以将观察者置于比对当地语言茫然无知更为优越的位置上。首先，他可以从印第安人那里获取第一手信息，而无需借助于可能误导他的翻译。此外，他能获取信息的主题范围显著地扩大了，因为这消除了翻译缺乏语言学知识的局限以及贸易语言的局限。所以，在目前的条件下，似乎我们不得不或多或少地将一系列范围广泛的文本（text）作为从印第安人那里获取信息的最为稳妥的方法。对我们的民族志学文献的一个总的回顾清楚地表明，掌握当地语言并和当地人有亲密友谊的观察者所获得的信息，比只能通过翻译作为中介所获得的信息要优越得多。

我们拥有的最好的材料或许包含在爱斯基摩人朴素的出版物之中，他们通过写作和印刷来表达他们自己，并且像报纸一样分发，以告诉人们所有他们感兴趣的事件。它们通常包含很多神话内容（mythological matter），也有很多与当地人生活方式（mode of life）有关的内容。彭加人（Ponca）的大型文本集（text collections）也提供了另外的具有类似特点的材料，由已故的詹姆斯·欧文·多尔西出版；虽然，其中很多材料受到彭加人已经改变了的生活条件的影响。一些关于易洛魁人（Iroquois）的古老记录，由该部落中的杰出成员所写，也值得注意；在最近的文献中，威廉·琼斯（William Jones）博士所写的关于索克人（Sauk）和福克斯人（Fox）的描述，由于作者所达到的全面理解而引人注目，这有赖于他掌握了他们的语言。具有类似特点的还有詹姆斯·泰特（James Teit）先生对汤普森印第安人（Thompson Indians）的观察报告，虽然它完全是用英语写成的。

在某些情况下，激发受过教育的当地人研究他们自己部落的兴趣，并引导他们用他们自己的语言将他们的观察记录下来是可能的。这些记录也比英语的记录更为优越，因为当地人通常受限于不能很好地掌握这门外语。

然而在所有这些例子中，一个完全熟悉印第安语言和英语的搜集者可能在他出版的作品中不使用印第安语言来表述他的研究结果，而这在我们试图研究民族学的更深层次的问题时是必不可少的。几个例子能清楚地表明我们的观点。例如，当研究印第安诗歌（poetry）时，任何翻译都不可能被认为足以取代原本的形式。韵律（rhythm）的形式，对语言的整饰，对文本音乐性的调整，意象（imagery）、隐喻（metaphor）的运用，以及所有对诗歌风格（style）的彻底研究所涉及的众多问题，只能由既通晓该部落民族志学特征又同样通晓其语言的研究者来解释。对宗教仪式（ritual）的研究也是如此，在它们布道中，有或多或少的诗性的语句（poetic phrase）；对祈祷（prayer）和咒语（incantation）的研究也是如此。印第安人的演讲术（oratory），一个民族学者十分关注的主题，并未被充分了解，因为只有极少量的讲演（speech）以原语言的形式流传了下来。这里对创作方法以及达到演讲效果的策略的精确研究，也需要用原语言记录下来的演讲。印第安人生活中还有很多其他特征不依靠语言学研究便无法充分呈现。例如，其中包括对人名、部落名以及地名的讨论。印第安人名字的翻译，像众所周知的 Sitting-Bull（坐着的公牛），Afraid-Of-His-Horse（惧怕他的马）等，表明名字具有更为深层的意义。然而这些翻译是如此地困难，以至于需要全面的语言学知识去充分解释其意义。

在我们至此提到的所有主题中，关于印第安语言的知识充当了一个全面理解我们的研究对象的风俗和信仰的辅助工具。但是在所有这些案例中，语言提供给我们的首先是一个实用性的效用——一种更为清晰地认识与语言学问题毫无关系的民族学现象的工具。

4.2　语言学研究的理论重要性

4.2.1　语言作为广义民族学现象的一部分

然而，印第安语言理论研究的重要性似乎并不比关于它们的实用知识低；纯粹的语言学研究是对世界上各民族精神（psychology）的全面研究的必不可少的组成部分。如果民族学被理解为探讨世界上各民族生活中的精神现象（mental phenomena）的科学，那么人类语言，作为精神生活（mental life）最重要的表现形式之一，似乎自然属于民族学的研究范围，除非可以提出特殊的理由说明它不应该被如此认为。这方面的实际理由确实存在，即语文学研究（philological research）方法已经发展到了高度专业化的程度，语文学（philology）和比较语言学（comparative linguistics）都是需要极度专注的科学，并不会允许它的研究者将大量的时间投入需要不同研究方法的其他领域。然而，这并不意味着语言学研究结果对民族学者不重要。还有其他的民族学研究领域已经或多或少地变得专门化了，对它们的成功研究需要特别的专业化。例如，对原始音乐（primitive music）、原始艺术（primitive art），以及在某种程度上对原始法律（primitive law）的研究，皆是如此。然而，这些主题继续构成民族科学（ethnological science）的重要组成部分。

如果人类语言现象看起来在某种意义上单独构成了一个学科，这或许在很大程度上是因为语言规律（laws of language）对于说话者而言仍然完全未知，并且语言学现象从未进入原始人（primitive man）的意识而其他的民族学现象则或多或少是有意识思考的清楚的主题。

所以，语言学现象和狭义的民族学现象的关系问题，值得专门讨论。

4.2.2 语言与思维

首先，或许应该探讨一下语言和思维的关系。曾有人声称一个民族的思维的简洁性和清晰性在很大程度上取决于其语言。在现代欧洲语言中，我们用单独的词来表达一般的抽象概念（abstract idea）的便利，以及将普遍的概括映射到简单句子的框架中的能力，已经被声称是我们概念的明晰性、我们思维的逻辑力量以及我们在思维中舍弃无关细节的精确性的必要条件之一。很明显，这种观点有很多对其有利的因素。当我们将现代英语与一些在表达方面最为具体的印第安语言相比较的时候，差异是显著的。当我们说 *The eye is the organ of sight*（眼睛是视觉器官）的时候，印第安人可能不能构造出 *the eye*（眼睛）这种表达，而是可能不得不去详细说明所说的是一个人的或一个动物的眼睛。印第安人也不能轻易地归纳出作为一整类对象的代表的抽象概念的眼睛，而可能不得不用类似于 *this eye here*（这里的这个眼睛）的表达式来特别指明。他们或许也不能用一个单独的词项来表示 *organ*（器官）的概念，而可能不得不用一个类似于 *instrument of seeing*（看的工具）的表达式来具体说明，所以整个句子大概像如下的形式：*An indefinite person's eye is his means of seeing*（一个不确定的人的眼睛是他的看的工具）。不过，我们承认通过这种更为具体的形式，一般的概念（general idea）也能很好地表达。似乎很值得怀疑，某种语法形式使用上的限制究竟能在多大程度上真的可被视为一般概念形成过程中的障碍。缺乏这些形式似乎更可能是由于缺乏对它们的需要。原始人，在和他的同胞交谈的时候，并不习惯于讨论抽象概念。他的兴趣围绕着他日常生活中的工作和消遣；所涉及哲理性的问题（philosophic problem），要么出现在与一些特定的个体的关系之中，要么出现在宗教信仰的或多或少的拟人化形式（anthropomorphic form）之中。关于“质”而不与这些质所属的对象相联系的话语（discourse），或者关于行为或状态而不与行为者的概念或具有这些状态的主体相联系的话语，在原始语言（primitive speech）中几乎不会出现。例如，尽管印第安人可以很好地谈论某个人的善（goodness），它们并不会谈论善本身（goodness as such）。他不会将幸福（bliss）这种状态和具有这种状态的人分开来谈论。他也不会单纯谈及观察力（power of seeing），而是一定要指明一个具有这种观察力的人。于是，出现的情况是，在领属概念（idea of possession）是通过从属于名词的成分进行表达的语言中，所有抽象词项（abstract term）总是附带着所有格成分（possessive element）出现。然而，完全可能的是，一位在哲学思维（philosophic thought）方面受过训练的印第安人会进一步地将基础的名词形式（nominal form）和所有格成分区分开，从而得到和我们现代语言中的抽象形式（abstract form）完全对应的抽象形式。例如，我曾经用温哥华岛（Vancouver Island）的夸扣特尔语做过实验，这种语言中从来没有出现过脱离了所有格成分的抽象词项。经过一番讨论，我发现在印第安人的思想中产生抽象的词项是非常容易的，他们会说，虽然并不符合语言习惯，但是不附带所有格代词的词也有意义。以这种方式，我成功地分离出了诸如表示 *love*（爱）和 *pity*（怜悯）的词项，而这些词项通常以所有格形式出现，像 *his love for him*（他对他的爱）或者 *my pity for you*（我对你的怜悯）。这一观点是正确的，它也可以在那些所有格成分作为独立形式出现的语言中观察到，例如苏族诸语言。在这些语言中，纯粹的抽象词项相当常见。

也有证据表明，作为很多印第安语言典型特征的其他专门成分（specializing element），在希望抽象化一个词项的时候也可能会因某种原因而省掉。以夸扣特尔语为例子，*to be seated*（坐）的概念几乎总是附带一个不可分离的表示坐的地方的后缀来表达，例如 *seated on the floor of the house, on the ground, on the beach, on a pile of things*, or *on a round thing*（坐在屋里的地板上、地上、海滩上、一堆东西上或一个圆形的东西上）等。然而，当因为某些原因，要强调坐的状态的概念的时候，一个只表达 *being in a sitting posture*（处于坐的姿势）的形式会被使用。既然这样，那么一般化表达（generalized expression）的手段也是存在的，但是使用它的机会极少，甚至可能没有。我认为在这些例子中适用的，在任何一种语言的结构中也适用。不使用表达一般意义的形式，并不意味着没有创造它们的能力，而只能表明在那些人的生活方式中并不需要它们；然而，一旦有需要，它们会立刻出现。

这个观点也被一个原始语言数字系统（numeral system）的研究证实。众所周知，有很多语言数字不超过二或三。曾有人据此推断，说这些语言的人没有能力形成更大数字的概念。我认为对这一现象的这种解释是相当错误的。与南美洲印第安人（从他们的语言中发现了这些有缺陷的数字系统）或爱斯基摩人（他们的老的数字系统可能不会超过十）类似的人，或许并不需要表达更大的数字，因为需要他们去数的东西并不多。另一方面，一旦这些人和文明社会相接触，并且它们学到了需要计数的价值标准（standard of value），他们能轻而易举地从其他语言中采纳更大的数字并且发展出相当完善的计数系统（system of counting）。这并不意味着一生中从来没有使用过更大数字的任何个人都能轻易地掌握复杂得多的计数系统，而是说这个部落作为一个整体似乎总是具有根据计数的需要而调整数字系统的能力。必须知道的是，只有在计数的对象被以一般化的形式去思考，以至于它们的个体性被完全忽略时，计数才成为必要。由于这个原因，甚至一个拥有一大群驯养动物的人也可以通过名字或它们的特征去辨认它们，而不需要去数它们。远征军的成员可以通过名字来辨识，而不会被计数。简而言之，没有证据表明数字的缺乏和没有能力形成更大的数字概念有任何联系。

如果我们想形成关于语言对思维所施加影响的正确判断，我们就应该考虑到当前的欧洲语言在很大程度上经过了哲学家们抽象思维（abstract thought）的塑造。像 *essence*（本质）和 *existence*（存在）这样的词项很多是我们现在常常使用的，它们起初都是用来表达抽象思维结果的人造手段。在这一点上，它们或许和有可能在原始语言中产生的人造的、非惯用的（unidiomatic）抽象词项类似。

所以，似乎内在于语言形式之中的一般化思维（generalized thought）的障碍只是次要的，如果一个民族文化的总体状态需要表达这种思维的话，语言本身大概不会妨碍它发展出更为一般化的思维形式；在这些条件下，语言大概在一定程度上是由文化状态（cultural state）塑造的。所以，除了语言形式会被文化状态塑造以外，一个部落的文化和语言之间似乎并不存在任何直接关联，某一种文化的状态并不取决于其语言的词法特征。

4.2.3 语言学现象的无意识特点

具有更大切实重要性的是，无意识的语言学现象和更为有意识的民族学现象之间的关系问题。在我看来，这个差异只是表面上的，并且语言手段（linguistic process）的无意识性这个事实能帮助我们对民族学现象获得更为清晰的理解，这一点的重要性不可低估。之前已经提到过，在所有的语言中都存在对概念的某种分类。略举几例：我们发现根据性别（sex），或有生命和无生命，或形状的对物体的分类。我们发现根据时间和地点等确定的行为动作。原始人的行为十分清楚地表明，所有这些概念，虽然被不断地使用，却从来没有上升到意识层面，所以它们的起源不应该从头脑中的理性过程中去寻找，而应该完全从无意识（或许可以说直觉的）过程中去寻找。它们一定归因于一组感官印象以及一组在任何意义上都不是自发的而是从非常不同的心理原因中发展出来的概念。似乎，语言学现象和其他民族学现象之间的本质区别是语言学分类从来不会进入意识层面，而其他民族学现象，虽然同样的无意识起源（unconscious origin）占优势，但它们经常会上升到意识层面，所以会引起继发推理（secondary reasoning）和再解释（re-interpretation）。例如，以下观点似乎很可能是合理的：那些基本的宗教概念（religious notion）——比如关于无生命物体的自发力量（voluntary power）的概念，或者关于动物拟人化特点（anthropomorphic character）的概念，或者关于存在超出人类精神和生理能力的超能力的概念——从起源上看和语言的基本概念一样具有很少的意识性。然而，语言的使用是如此地无意识，以至于它的基本概念在意识中出现的机会从来没有出现过，这在与宗教有关的现象中也十分经常发生。看来，世界上没有任何一个部落的宗教活动（religious activity）没有成为思维的一个主题。虽然宗教活动在实施它们的理由已经成为思维的一个主题之前就已经被实施了，但是它们还是在早期就达到了如此重要的程度，以至于人们会问自己他们实施这些行为的原因是什么。此时，关于宗教活动的思考便出现了，一整套构成了民族学现象的一个广阔领域的继发性解释出现了。

很难给出民族现象的无意识起源的确切证据，因为它们当中有那么多是，或者已经成为，思维的主题。对它们的无意识起源所能给出的最好的证据必须从我们自己的经验中去获取，我认为不难表明，我们活动中的某些群组，不管它们之前的发展历史是什么样子，目前它们在每个个体以及在整个民族中完全潜意识地发展着，虽然如此，它们在我们的意见或行为的形成过程中起着最为强有力的作用。我们对行为的恰当与否判断便是简单的例子，我们可以从我们称之为“礼貌”（good manner）的行为中找到大量实例。例如孩子很小的时候就大体上牢记了的餐桌礼仪（table manner），具有非常固定的形式。咂嘴以及把盘子举到嘴边是不容许的，虽然并没有审美或其他原因可对它们的严格禁止作出解释；了解以下事实是有益的，在像奥马哈人（Omaha）那样的部落中，当被邀请用餐时，如果不咂嘴则被认为是坏品味，因为咂嘴是欣赏餐饭的表现。我想我们会很容易意识到：这些习惯是合乎习俗的而其他习惯却不合乎习俗这一简单事实，是消除那些不合乎习俗的行为的充分理由，并且礼貌规矩（propriety）的观念只不过来自对这些行为的持续而无意识的重复，这也带来了如下观念，即跟习俗相违背的行为是异常的，所以不是恰当的行为。在这一点上我们会观察到不礼貌的行为总是伴随着相当强烈的不愉快的感情，它的心理原因只在于上述行为和已经成为习惯的行为相违背。很明显，在我们的餐桌礼仪中，这种强烈的礼貌的感受和我们熟悉的用餐模式相关联。当一种新的食物出现时，食用它的恰当行为尚未确立，在实践上，任何不与一般习惯绝对冲突的习惯都可能轻易地确立起来。

餐桌礼仪的例子也给我们提供了一个相当好的继发性解释的实例。将餐刀举到嘴边是不合乎习俗的，我们很容易就产生以下印象，即餐刀之所以不能这样用是因为这样用餐容易割到嘴唇。餐叉的发明时间很晚，事实上很多国家用的是钝刀子，并且欧洲普遍使用的尖锐的钢制餐叉也有类似的刺伤舌头或嘴唇的危险，这些清楚地表明这个解释只不过是一个继发性的解释这个习俗的理性尝试，否则的话那个习俗将仍然处于未被解释的状态。

如果我们将其与语言学现象中的这种情形相比较，我们会发现由于会引起反感而将一些无关联的行为归为一个群组，似乎是毫无理由地发生的，且仍然在一个群组中明确地将这些行为本身分开。

由于这个问题的重要性，似乎有必要再举一例，而且这个例子比之前给出的那个例子更为深刻。我们视之为谦逊（modest）的那组行为便是一个这种类型的实例。稍加思索就能发现，虽然谦逊的感受是重要的，但被视为谦逊或不谦逊的特定行为却表现出极大的差异，就它们与谦逊的关系而言，它们完全是由无意识地发展起来的习惯所确定的，并且它们的最终来源可能是一些具有完全不同特点的原因。对服装历史的研究同时证明在不同时代、不同地方，裸露身体的某些部分会被认为是不谦逊端庄的。但它们究竟是身体的哪些部分，则在相当大的程度上是偶然的。即便在目前，且在一个相当小的范围内，也可发现这方面的巨大差异。例如面纱在土耳其的使用，在我们自己的社会中对手套或多或少有些严格的使用，以及街头服装（street costume）和晚礼服（evening dress）的区别。在白天，一个在有轨电车上穿着全套晚礼服的女士，看起来很难算是得体的。

我们都既能意识到这些谦逊感受的强烈程度，也能意识到个人对做出违反惯常谦逊概念的行为的极端厌恶。在许多情况下，一种服装的起源很容易被追溯，在其发展过程中，对谦逊的考虑没有施加任何影响。所以，很明显，在这一方面，将某些风俗习惯聚合起来也完全是无意识的，但是，即便如此，一旦我们的注意力被导向谦逊的感受，那么它们作为一个与其他风俗习惯不同的一个群组便极其鲜明地凸显了出来。再将这种民族学现象和语言学现象相比较，似乎两者之间的共同特征是在一个概念形式下将可观数量的行为聚合起来，却并不需要这个概念本身进入意识。此外，它们之间的不同在于谦逊概念很容易和其他概念区分开，然后会产生关于何为谦逊、何为不谦逊的继发性解释。我相信，这些范畴的无意识的形成是民族生活（ethnic life）的基本特征之一，并且它甚至在民族生活的一些更为复杂的方面显现出来；我们的很多宗教观念和行为、我们的道德概念（ethical concept），甚至于我们的科学观念（scientific view），它们显然完全基于有意识的推理，都被在强烈情感影响下将不同行为联系起来的这种倾向影响。之前就已经认识到，这是导致谬误和意见分歧的根本原因之一。

似乎有必要仔细研究民族学和语言在这方面的相似性，因为，如果我们采用这种观点，语言似乎在基本民族概念（ethnic idea）的形成的研究中是最具教益的研究领域之一。语言学在这方面所提供的最大的有利条件是：总的来说，业已形成的范畴总是保持着无意识的状态，并且这个缘故使得对它们的形成过程的追踪可以不受继发性解释的误导性和干扰性因素的影响，而这些因素在民族学中如此常见，以至于它们基本上完全掩盖了这些概念的真实发展史。

下列情形是罕见的：一个民族开始思索语言学范畴（linguistic category），这些思索几乎总是如此明确地受到导致继发性解释的错误推理的影响，以至于他们本身能够轻易地辨认出来，且不会扰乱关于语言手段的历史的清楚观点。在美洲我们发现了这种倾向性，例如，在波尼人（Pawnee）当中语言的相似性似乎引发了他们的一些宗教观念。这种情况在其他语言中也偶有发生，例如在切努克人的神话中，他们的文化英雄（Culture Hero）发现一个乘着独木舟的人通过跳舞来捕鱼，他告诉这个人不能这样做而必须用网来捉鱼，这个故事完全基于 *dancing*（跳舞）和 *catching with a net*（用网捉）两个词的同一性（identity）。这些例子表明马克斯·缪勒的词源学（etymology）现象影响宗教概念的理论解释了一些宗教现象，尽管它当然只能有效地解释很小的一部分。

从这个角度来衡量语言学研究的重要性，似乎很值得去透彻地分析一系列语言学概念（linguistic concept），并从不同语言的概念分组的独特性之中寻找人类不同分支精神发展史中的重要特征。从这个角度看，在所有语言中出现的最为基本的语法概念一定会被视作基本心理过程（psychological process）一致性的证据。美洲语言中的典型的概念分组，会在对这个单一语系的讨论中得到更为充分的探讨。这些研究的民族学重要性在于清楚地定义了由语言的客观研究所揭示出来的概念分组。

还有另外的一个理论方面值得特别注意。当我们试图完全清晰地思考，一般说来我们是用词来思考；众所周知，即便是在科学的进展中，词汇的不精确性经常会成为绊脚石，以致很难达到精确的结论。同一个词可用作不同的意义，假设一个词总是具有同样的意义，可能导致错误的结论。也可能存在下列问题：词只能表达概念的一部分，由于使用词思考的缘故，我们可能不会完全认识到所讨论题材的全部范围。同样地，词的意义也可能太宽泛，包含了若干截然不同的概念，而它们之间的差异在语言发展的过程中并没有被认识到。此外，我们发现，在更为原始的部落中，语音的相似性被误解了，那些由语音相似的词表达的概念被认为是相似或同一的，并且描写性词项（descriptive term）被误解为表达了它们所描写的对象和一组包含在描写中的概念之间的同一性或至少密切的相关性。

所有的人类思维的这些特征，人们知道它们影响了科学的历史并且或多或少地在一般的文明史中发挥了重要的作用，它们在原始人的思维中也同等频率地发生着。只给出这些情况的几个例子就足够了。

由于没有认识到同一个词可以表示不同的对象而形成的一组观念之中最为常见的例子之一是，认为叫相同名字的人具有同一性。一个孩子取了一个和某个祖先相同的名字通常被解释为人们认为他是祖先的转世再生（re-incarnation）。然而，这似乎更可能不是与这个风俗相联系的观念的真正原因，实际上或许是因为人们没有对名字和叫这个名字的人之间作出区分。名字和个人之间建立起来的联系是如此地紧密，以至于这两者几乎是不可分的；当一个名字被提及的时候，这个名字本身连同具有这个名字的人物都会出现在说话者的意识中。

由于一整组截然不同的概念用一个词项表达，基于特殊的概念分类形式的推理在不同语言的亲属称谓词项（terms of

relationship）中常常发生；例如我们的 *uncle* 这个词项，就表示两个截然不同的类——爸爸的兄弟以及妈妈的兄弟。这里，我们也一般假定语言表达（linguistic expression）是民族风俗的继发性反映（secondary reflex）；但是究竟在多大程度上一个现象是基础性的另一个是继发性的，以及民族风俗是不是由无意识地发展起来的术语发展而来的等问题，仍有待解答。

语音相似的词影响人们观念的例子并不罕见，之前提到马克斯·缪勒关于宗教起源的理论的时候已经举过这方面的例子。

最后，我们可以举几个使用描写性词项来表示某些概念或者词项的隐喻性用法（metaphorical use）而导致独特观念或风俗的例子。例如，对我而言以下观点似乎是合理的：东印第安部落用来称呼彼此的亲属关系词项原本不过是这些词项的隐喻性用法，这些部落社会关系（social relation）的进一步精密化或许主要取决于将这些词项所伴随的概念传递到实践之中。

诗歌中隐喻性词项的运用是更有说服力的例子，它们在仪式中是按照字面来理解的，并且构成了某些仪式的基础。例如，我倾向于相信，经常出现的比喻（image）*the devouring of wealth*（对财富的吞噬）和北太平洋海岸印第安人冬季仪式（winter ritual）的复杂形式存在密切关联，首领被称为 *support of the sky*（天空的支柱）的诗性比喻（poetical simile）在某种程度上在神话观念的详尽阐述中被按照字面意思理解了。

所以，似乎无论是从实践的观点来看，还是从理论的观点来看，语言研究都必须被视为民族学研究的最重要的分支之一。这是因为，一方面没有语言的实用知识的话就不可能获得对民族学的全面洞察；另一方面人类语言所显示出的基本概念与民族学现象在类型上并无不同。并且更进一步地因为，语言的独特性质清晰地反映在世界上各民族的观念和风俗之中。

第五章　美洲语言的特点

在过去的关于世界上的语言的专题著作中，语言经常被划分为孤立语（isolating language）、黏着语（agglutinating language）、复综语（polysynthetic language）以及屈折语（inflecting language）。汉语通常作为孤立语的例子。黏着语以北亚的乌拉尔-阿尔泰语言为代表，复综语以美洲语言为代表，屈折语以印欧语和闪族语（Semitic languages）为代表。这四种群组的基本特征是：在孤立语中，句子只是通过将不能改变的成分并置（juxtaposition）起来而构成；在黏着语中，一个词干通过附加上很多能够修改词干基本概念的构词成分（formative element）而得以改变；在复综语中，大量不同的概念通过语法手段结合起来形成一个单独的词，在句子的形式成分和句子的内容之间没有任何词法上的区别；另一方面，在屈折语中会对句子的形式成分和实质内容进行明确区分，词干只是根据它们出现在句子中的逻辑形式（logical form）而进行修改。

复综（polysynthesis）是什么意思呢？例如，在以下的爱斯基摩语词中，我们可以看到复综的例子：*takusariartoruma-galuarnerpâ?* DO YOU THINK HE REALLY INTENDS TO GO TO LOOK AFTER IT? [你认为他真想去照看它吗？*takusar*(*pâ*) he looks after it（他照看它）；*-iartor*(*poq*) he goes to（他去）；*-uma*(*voq*) he intends to（他打算）；*-*(*g*)*aluar*(*poq*) he does so—but（他这样做——但是）；*-ner*(*poq*) do you think he—（你认为他——吗？）；*-â*, interrogation, third person（疑问句，第三人称）]。这里，我们可以看到基础词干的后缀成分和印欧语中的形式成分之间没有相似性，这一长串后缀表达了种类繁多的概念。另一个类似的例子是钦西安语词：*t-yuk-ligi-lo-d'ᴇp-dāʟet* HE BEGAN TO PUT IT DOWN SOMEWHERE INSIDE [他开始将它在里面的某些地方放下 *t*, he（他）；*yuk* to begin（开始）；*ligi* somewhere（某处）；*lo* in（在……内）；*d'ᴇp* down（下）；*dāʟ* to put down（放下）；*-t* it（它）]。

美洲语言也被称为合成语（incorporating language），它的意思是它们具有一种将句子中的名词性或代词性的宾语合并到动词表达式中的倾向。这种倾向的例子如下：墨西哥语（Mexican），*ni-petla-tšiwa* I MAKE MATS [我做垫子 *petla-tl* mat（垫子）]；或波尼语 *tA-t-î'tka'wit* I DIG DIRT [我挖泥土 *tA-* indicative（陈述）; *t-* I（我）; *î'tkãr^u* dirt（泥土）; *-pīt* to dig（挖）*rp* in contact, form *'w*（*rp* 接触，形成 *'w*）]; 或奥奈达语（Oneida）*g-nagla'-sl-i-zak-s* I SEARCH FOR A VILLAGE [我寻找一个村庄 *g-* I（我）; *-nagla'* to live（住）; *-sl-* abstract noun（抽象名词）; *-i-* verbal character（动词字符）; *-zak* to search（寻找）; *-s* continuative（连续的）]。

关于很多美洲语言结构的更为全面的知识表明，粗略地将所有这些语言都划归复综语和合成语并不成立。在美洲我们有足够多的语言实例，它们的代词并不和动词合并而只是和动词松散地结合；也有许多语言，在它们之中将很多成分合并为一个词的情况几乎不会发生。在这里所讨论的语言中，切努克语可以作为一个缺乏复综的例子。很少存在（如果有的话）这种情形，即单一的切努克语词表达一个广泛的概念的综合体（complex of ideas），并且，我们特别注意到，不存在用这种形式表达的一大类可视为附属的概念。对切努克语语法结构的考察会表明每一个动词词干看起来只是被代词性的和一些副词性的要素所修改，并且名词几乎没有合并就像我们的形容词所表达的那样的新概念的倾向性。另一方面，阿撒巴斯卡语、海达语以及特里吉特语，虽然它们符合这里所描述的复综语，但是它们却不会轻易地合并宾语，而是将代词性主语和代词性宾语当作独立成分。在北美洲北部的语言中，只有易洛魁语具有在动词中合并名词性宾语的强烈倾向性，并且与此同时对其独立形式进行了如此多的修改，以至于它可以被认为是合并宾语的典型语言之一。在较低的程度上，这个特征也属于钦西安语、库特奈语（Kutenai）和肖松尼语（Shoshone）。它在喀多语（Caddoan languages）中也十分发达。所有这里所探讨的其他合成语，像爱斯基摩语、阿尔贡金语和夸扣特尔语，将它们自己限制在代词性宾语的大体上紧密的合并上。在肖松尼语中，代词性宾语和名词性宾语的合并是如此地弱以至于我们无论是否将这些形式视为合并的都完全是武断的。如果我们将视野扩展到美洲的其他部分，也会清楚地看到同样的事实，并且不可能将这两种特征视为所有美洲语言的特征。

另一方面，有些特征虽然并不是所有美洲语言共同具有的，但至少也是常见的，并且它们的特点并不亚于宾语合并（objective incorporation）和复综的倾向。它们当中最重要的是将动词清楚地区分为积极类（active class）和中性类（neutral class）的倾向，其中一个与名词所有格形式密切相关，而另外的那个则被视为真正的动词。我们或许可以声称美洲语言具有一种明确区分指称性词项（denominating term）和谓词性词项（predicative term）的强烈倾向，这和我们惯常的做法并不一致。在美洲语言中，很多我们的谓词性词项和名词性词项（nominal term）密切相关，最常见的是表达状态的中性动词（neutral verb），像 *to sit*（坐），*to stand*（站）。它们也经常包含相当数量的形容词。另一方面，表达行为的词项，像 *to sing*（唱）, *to eat*（吃）, *to kill*（杀），则被视为真正的谓词性词项。这两类的区别一般通过一些完全或部分分离的用于谓词性词项的代词来表示。

除了这些极为模糊的特点以外，几乎没有任何其他特征是很多印第安语言所共有的。然而，可以列举出很多在美洲许多地方相当频繁出现的特征。

美洲诸语言的语音系统存在相当多的差异，但是我们会经常发现浊塞音（voiced stop）和清塞音（unvoiced stop）的独特区分（对应着我们的 *b, p; d, t; g, k*），它们基本上与绝大多数欧洲语言相应的音的分类不同。对美洲词汇和文本的考察清楚地表明，所有观察者对区别这些音都存在或多或少的困难。虽然对它们在特点上的差别不存在丝毫怀疑，但似乎差不多在所有的地方都存在一种以几乎相等的力度（stress）发清音和浊音的倾向，这和欧洲语言不同，欧洲语言发清音时通常力度更强。这两类音力度相等使它们的差异看起来相当轻微。另一方面，经常有一些音，特别是在太平洋海岸的诸语言中，发音的力度比任何我们熟悉的语言的力度都更重。这些音通常是清音；但是通过关闭声门和鼻孔或者通过用舌根关闭口的后部在口腔中获得高气压。在发音时释放出了少量的高度压缩的空气，声门和鼻孔或者舌根随后的开放在音的连续性中产生了一个间歇。

我们还经常发现，也存在一些或多或少与我们的 *k* 系列音严格对应的舌塞音（lingual stop），但它们比我们的 *k* 系列音被更细致地区分开了。例如作为闪族语明显特征的软腭音 *k*，在美洲也频繁出现。另一方面，唇齿（labio-dental）音 *f* 似乎相当罕见，存在的类似音通常是双唇音（bilabial sound）。

r 音也是一样，在美洲语言中它总体上是一个罕见的音，它的颤音几乎总是如此微弱，以至于它依不同的情况而融合进了 *d* 音，*n* 音，*l* 音或 *y* 音。

总体而言，美洲诸语言的辅音系统很发达，这特别是由于我前面提到的三个重音的存在，而不是我们所熟悉的两个重音。在有些语言群组中，我们也有一套相当独特的伴随完整呼气的塞音，它们对应英语中的清音。此外，一个通过闭合声带而产生的特殊的间歇，也很常见，它不但与浊音有联系，而且也出现在元音或塞擦音辅音的前面或后面。这种音调有时完全听得见，而有时又只是连续发音中的一个间歇或间断。有时它似乎与浊辅音的发音相关，浊辅音的发音以闭合声带为先导。在其他情况中，它似乎与我前面提到的大力度发音的形成相关。例如，在强劲的 *t* 音中，舌头可能如此紧密地挤压上颚以至于所有的发音器官，包括声带在内，都一起紧张，并且气流的突然排出也伴随着声带的突然放松，因此这一个强劲的爆破音似乎伴随着声带的音调。

如前所述，这些特征无论如何都不是所有美洲语言所共有的，但因为它们足够常见所以值得在关于这个主题的一般讨论中提及。

另一方面，也存在一些语音系统极其贫乏的语言。易洛魁语便是其中一例，它连一个真正的唇辅音（labial consonant）都没有；再如海达语，它的唇音（labial）局限在相当稀少的几个音上。

北部诸语言的元音系统（vocalic system）似乎特别不明确。存在模糊元音（obscure vowel）的例子不胜枚举，它们明显地与更完整的元音相联系，但是它们的隶属关系经常不能确定。在南方诸语言中似乎这些弱元音（weak vowel）并不这样明显。我们也经常发现，一方面 *o* 和 *u* 之间缺乏明确区分，另一方面 *e* 和 *i* 之间也缺乏明确区分。虽然一些语言中元音的易变性

（variability）似乎不容置疑，但是也存在一些其他的元音系统非常确定的语言，它们不但用元音的音色，还用上升或下降的声调（tone）来表示区别。例如波尼语和塔克尔马语（Takelma）。波尼语似乎至少有两个声调，一个降调（sinking tone）和一个升调（rising tone），而塔克尔马语似乎有三个声调。鼻化元音在一些语言中很常见，在另外的语言中则完全没有。这种鼻音化（nasalization）在敞开嘴唇和闭合嘴唇时都会发生。后者的一个例子是易洛魁语中的 u^m。

就音的归类而言，不可能对美洲语言进行任何一般性的描述。在有些语言中形成了惊人地复杂的辅音簇（consonantic cluster），其他的语言则完全没有这种簇。然而，有一个发音习惯值得注意，而且分布很广。它就是含混地发出词的末尾（end of word），有时发音如此模糊，以至于当试图写出这些词时，它们的末尾（termination），不管是语法的或其他的，可能完全不见了。这种倾向所呈现出的最简单的形式是末尾辅音的抑制（suppression），它们只做出发音的动作但是不发声。例如，在钦西安语纳斯河方言（Nass river dialect）中，词 *gan* TREE（树）末尾的 *n* 由舌头的位置指示出来，但是完全听不见，除非这个词后还跟随着属于同一个句子的其他的词。在这种语言中，音 *l* 和 *m* 也同样如此。元音也以类似的方式被抑制，只是由口腔的状态所指示却不发出声音来。这在 *u* 或 *i* 跟在 *k* 的后面的时候经常发生。例如，夸扣特尔人念 *wā'dᴇkᵘ*。不过，如果另一个元音在它后面出现，不发音的 *u* 听起来像是一个 *w*，就像这种形式：*wā'dᴇkwa*。

然而，这种含混发音扩展到整个音节（syllable），在这些情况下音节会显得被高度改变了。例如，在易洛魁语奥奈达方言中，能听到一个独特的 *l* 音，它或许只出现在这种含混的音节之中。值得注意的是，所有部落的印第安人都完全能意识到被这样抑制的语音的成分，当被要求完整发音时都能带着完整的末尾发出这些词的音来。

另一个许多美洲语言值得一提的特点是，人口中的一些群体存在修改一些音的发音倾向。例如，我们发现在一些爱斯基摩部落中，男人们清楚地发出末尾的 *p, t, k* 和 *q*，而女人们则总是将这些音转变为 *m, n, ñ* 和 *ṇ̃*。在一些方言中，男人们也采用了这种发音方式，所以发音又变得统一了。这种某些社会群组所特有的特殊发音习惯，对我们而言当然并非完全陌生，但是它们很少会像一些印第安语言那样发展到如此显著的程度。

在很多美洲语言中，我们发现了高度发达的谐音规律（law of euphony）——句子中的某个音自动地需要某些其他的音在它之前或之后出现的规律。在绝大多数情况中，这些谐音规律似乎向前起作用，与乌拉尔-阿尔泰语言中的元音和谐规律（law of vowel harmony）类似。在这些规律中尤其引人注目的是在一些太平洋海岸语言中存在的 *o* 音对其后元音的影响。在这些语言中，在同一个词中跟随在 *o* 之后的元音必须在某些条件下转变为 *o* 元音或至少通过添加一个 *w* 音进行修改。音的接触（contact of sound）的众多影响在性质上十分不同，这在苏族诸语言中非常明显，而在波尼语中则以一种十分不同的形式出现。我们不妨也举出一些这方面的例子。例如，在达科塔语中，由 *a* 结尾的词后跟由 *k* 起头的词时，前者转变为 *e*，后者则转变为 *č*。但是，在波尼语中，*tr* 组合总是转变成 *h*；跟在 *i* 后面的 *b* 一般转变成 *w*；*rp* 变成 *hw*；等等。尽管在一些语言中这些语音变化并不突出，但它们在另一些语言中却极为重要。它们在某种程度上与梵语（Sanskrit）的谐音规律类似。

在语法手段（grammatical device）的使用上发现的多样性和在语音系统中体现出来的多样性同样地多。在讨论词的定义的时候，我们已经指出在有些美洲语言中词这个单位似乎完全明确且一致，但是在其他语言中句子的结构似乎证明了我们认为它是由一些独立成分通过并置结合起来的这种观点是合理的。例如，具有复综特点的语言具有形成稳固结合的词单位（word-unit）的倾向，它们可能是叙述句（predicative sentence），但也可能用于指称。比如，切努克语会说 *He runs into the water*（他跑进了水中），并且可能用这个词项指称 *the mink*（水貂）；胡帕语会说 *They have been laid together*（它们被摆放在一起），用这个词项指称 *a fire*（火）。另一方面，在美洲也有数不清的语言，对它们而言，这种表达方式完全不可能出现。

在词和句子的构成中，词缀被广泛运用，我们发现了前缀，也发现了后缀和中缀（infix）。我们并不完全确定的是，美洲存在的情况，哪些真正地发生了中缀插入词干的现象，哪些或许不能被更好地解释为明显的中缀成分插入复合词干（compound stem），或者有些是由继发性的语音现象导致的，比如那些音位转换（metathesis）现象；但至少在苏族诸语言中，在双音节词干（bisyllabic stem）中插入中缀的情况是存在的，它们的起源明显简单。另外，后缀总体上比前缀运用得更为广泛；有些语言中运用两种方法中的一种，其他语言则两种都用。或许并没有只存在前缀的语言。

改变词干（change of stem）也是一种运用得十分频繁的手段。我们尤其发现重叠法（reduplication）被广泛地运用着。对词干的单个音的修改也存在，并且有时是以特殊的形式存在。例如，我们有通过拉长元音指示复数的例子，就像在钦西安语中那样；或者，像在阿尔贡金语中那样，通过修改元音来表达语气；以及像在切努克语中那样，通过递增辅音重音来表达增大（augmentative）和减小（diminutive）。我们有时会发现重复重叠形式，重叠的词干又被重叠两次甚至三次。另一方面，我们发现很多语言，除了可能服从语音接触（phonetic contact）现象之外，它们的词干完全不能改变。

下面的语法描写（grammatical sketch）是由研究者们提供的，他们分别对他们所论述的语系进行过专门研究。我们努力在可行的范围内采取统一的论述方式，但也不牺牲每位调查者的个人思想。

按照在导论的几章中表达的总体观点，论述的方法都是分析性的。我们并没有试图将印第安语言的形式和英语、拉丁语的语法进行比较，甚至在它们内部，相互之间也没有比较；但是在每一个案例中，所给出的心理分类（psychological grouping）完全取决于每一种语言的内部形式（inner form）。换言之，语法是这样论述的：就如同一个有才智的印第安人通过分析他自己的语言形式而形成他自己的思想形式那样去论述。

可以理解的是，不能断言这种分析结果代表了基本的范畴，正是从这些范畴之中每种语言发展出了它当前的形式。毋庸置疑：在所有的印第安语言中都发生过这样的过程，这些过程类似于那些在历史上众所周知并且产生了现代印欧语言的当前形式的过程。旧的语法范畴消失了，新的语法范畴发展了起来。即便是对各种美洲语系同源语的粗略的比较也能发现类似过程曾在这里发生的充足的证据。例如，我们发现苏族诸语言中的彭加同源语之中，名词根据形式分类，句子的主语和宾语具有明确的形式上的区分。这些重要的特征，在同一组语言中的达科他同源语中则完全消失了。再比如，我们发现一种代词的性范畴（pronominal sex gender）存在于萨利希语系（Salishan stock）的所有同源语之中，这个语系分布在海岸山脉（Coast range）西侧跨着华盛顿州和英属哥伦比亚州，然而在内部地区的同源语之中却没有任何性范畴的踪迹。另一方面，我们发现，在一种内部地区的萨利希同源语中存在代词的排除式和包括式，而这在同一语系的其他同源语中则没有。我们没有关于美洲语言的历史的信息，并且对这些同源语的研究还没有推进到足够充分的、可以允许我们对这个主题作出广泛推论的程度。所以，这里提及的少数案例不可能说明这些范畴的存在与否是由于一种同源语中旧形式的消失，还是由于另一种同源语中后来的分化。

所以，虽然分析语法（analytical grammar）并不能呈现语法范畴的历史发展，但它作为每个语言群组语法发展的当前形态的描述是有价值的。我们的研究结果必须用以后的对每个语系的所有同源语的全面分析与比较进行补充。

由于不同语系之间存在根本性的差异，似乎应独立于其他语系发展各自的术语，只有在不需要人为地扩展术语定义的情况下才寻求统一。当可以引述已经发表的语言描写时，我们计划在这些书卷的末尾对这些语言进行比较。

据我们目前所知，以下是可以辨别出来的墨西哥以北的北美洲语系：

1. 爱斯基摩（北极海岸）。

2. 阿撒巴斯卡（西北内地、俄勒冈州、加利福尼亚州、美国西南部）。

3. 特里吉特（阿拉斯加州南部海岸）。

4. 海达（沙罗特后群岛、英属哥伦比亚）。

5. 萨利希（英属哥伦比亚南部和华盛顿州北部）。

6. 彻默库母（Chemakum；华盛顿州西海岸）。

7. 瓦卡希（Wakashan；温哥华岛）。

8. 阿尔贡金（哈德逊湾以南东部伍德兰兹地区）。

9. 比沃苏克 [Beothuk；纽芬兰（Newfoundland）]。

10. 钦西安（英属哥伦比亚北部海岸）。

11. 苏族 [密西西比河以西北部平原和北卡罗来纳州（North Carolina）]。

12. 易洛魁 [大湖南区（lower Great Lakes）和北卡罗来纳州]。

13. 喀多（密西西比河以西平原的南部）。

14. 马斯科吉 [Muskhogean；美国（the United States）东南方]。

15. 基奥瓦（Kiowa；西部平原中部）。

16. 肖松尼（Shoshonean；美国西部高原）。

17. 库特奈（英属哥伦比亚东南内地）。

18. 皮玛 [Pima；亚利桑那州和索诺拉（Sonora）]。

19. 尤马 [Yuma；亚利桑那州和下加利福尼亚半岛（lower California）]。

20. 切努克（哥伦比亚河下游）。

21. 雅科纳 [Yakona；雅奎纳湾（Yaquina bay）]。

22. 库斯（Kus；俄勒冈州中部海岸）。

23. 塔克尔马 [俄勒冈州，罗格河（Rogue river）]。

24. 卡拉普亚 [Kalapuya;俄勒冈州,威廉密特谷(Willamette valley）]。

25. 威乐普安 [Waiilaptuan；俄勒冈州，威廉密特河（Willamette）以东喀斯开山脉（Cascade range）]。

26. 克拉马斯（Klamath；俄勒冈州东南部内地）。

27. 萨哈泼丁（Sahaptin；俄勒冈州内地）。

28. 卡罗克 [Quoratean；克拉马斯河（Klamath river）]。

29. 维特斯拜肯（Weitspekan；克拉马斯河下游）。

30. 夏斯塔（Shasta；加利福尼亚州东北内地）。

31. 威绍克（Wishok；加利福尼亚州北部海岸）。

32. 雅拿 [Yana；加利福尼亚州，萨克拉门托河（Sacramento river）上游东部支流]。

33. 赤默瑞克（Chimarico；加利福尼亚州，萨克拉门托河源头）。

34. 温顿（Wintun；萨克拉门托河谷）。

35. 麦都（Maidu；萨克拉门托河东部）。

36. 裕凯 [Yuki；旧金山海湾（Bay of San Francisco）的北部]。

37. 波莫（Pomo；旧金山湾北部海岸）。

38. 瓦肖 [Washo；瓦肖湖（Lake Washoe），内华达州（Nevada）和加利福尼亚州]。

39. 默克勒姆南 [Moquelumnan；加利福尼亚州，图来瑞河（Tulare river）下游以东]。

40. 约库特（Yokuts；加利福尼亚州，图来瑞河南部）。

41. 科斯塔诺（Costanoan；加利福尼亚州，旧金山湾以南）。

42. 埃塞林尼安（Esselenian；加利福尼亚州南部海岸）。

43. 萨利南（Salinan；加利福尼亚州南部海岸）。

44. 楚马申（Chumashan；加利福尼亚州南部海岸）。

45. 塔努安（Tanoan）
46. 祖尼（Zuñi）
47. 凯瑞斯（Keres）
（新墨西哥和亚利桑那州印第安人村庄）。

48. 帕卡宛 [Pakawan；从德克萨斯州（Texas）西博洛溪（Cibolo creek）到墨西哥科阿威拉州（state of Coahuila）]。

49. 卡兰卡瓦 [Karankawa；阿泰卡帕（Atakapa）以西墨西哥湾（Gulf of Mexico）海岸]。

50. 通卡瓦（Tonkawa；前一个地方的内陆）。

51. 阿泰卡帕 [奇蒂马查（Chitimacha）以西墨西哥海湾海岸]。

52. 奇蒂马查（密西西比河以西墨西哥海湾海岸）。

53. 蒂尼卡（Tunica；密西西比河以西墨西哥海湾海岸）。

54. 优奇（Yuchi；东乔治亚州 [Georgia]）。

55. 梯默夸 [Timuqua；佛罗里达州（Florida）]。

1 RACE AND LANGUAGE

1.1 Early Attempts to Determine the Position of the American Race

When Columbus started on his journey to reach the Indies, sailing westward, and discovered the shores of America, he beheld a new race of man, different in type, different in culture, different in language, from any known before that time. This race resembled neither the European types, nor the negroes, nor the better-known races of southern Asia. As the Spanish conquest of America progressed, other peoples of our continent became known to the invaders, and all showed a certain degree of outer resemblance, which led the Spaniards to designate them by the term "Indios" (Indians), the inhabitants of the country which was believed to be part of India. Thus the mistaken geographical term came to be applied to the inhabitants of the New World; and owing to the contrast of their appearance to that of other races, and the peculiarities of their cultures and their languages, they came to be in time considered as a racial unit.

The same point of view still prevailed when the discoveries included more extended parts of the New World. The people with whom the Spaniards and Portuguese came into contact in South America, as well as the inhabitants of the northern parts of North America, all seemed to partake so much of the same characteristics, that they were readily classed with the natives first discovered, and were considered as a single race of mankind.

It was only when our knowledge of the Indian tribes increased, that differences between the various types of man inhabiting our continent became known. Differences in degree of culture, as well as differences in language, were recognized at an early time. Much later came a recognition of the fact that the Indians of our continent differ in type as much among themselves as do the members of other races.

As soon as investigators began to concern themselves with these questions, the problem of the position of the natives of America among the races of mankind came to be of considerable interest, and speculations in regard to their origin and relationships occur even in the early descriptions of the New World.

Among the earlier attempts we find particularly endeavors to prove that certain parts of the beliefs and customs of the Indians agree with those of the Old World. Such agreements were considered proof that the Indians belong to one of the races enumerated in biblical history; and the theory that they represent the lost tribes of Israel was propounded frequently, and has held its own for a long time. In a similar way were traced analogies between the languages of the New World and those of the Old World, and many investigators believe even now that they have established such relationships. Attempts were also made to prove similarities in appearance between the American races and other races, and thus to determine their position among the races of the Old World.

1.2 Classifications Based on Physical Type, Language, and Customs

The problems involved in the determination of the relations of the various races have been approached from two different points of view—either the attempt has been made to assign a definite position to a race in a classificatory system of the races of man, or the history of the race has been traced as far back as available data may permit.

The attempts to classify mankind are numerous. Setting aside the classifications based on biblical tradition, and considering only those that are based on scientific discussion, we find a number of attempts based on comparisons of the anatomical characteristics of mankind, combined with geographical considerations; others are based on the discussion of a combination of anatomical and cultural characteristics—traits which are considered as characteristic of certain groups of mankind; while still others are based primarily on the study of the languages spoken by people representing a certain anatomical type.

The attempts that have thus been made have led to entirely different results. Blumenbach, one of the first scientists who attempted to classify mankind, first distinguished five races—the Caucasian, Mongolian, Ethiopian, American, and Malay. It is fairly clear that this classification is based as much on geographical as on anatomical considerations, although the description of each race is primarily an anatomical one. Cuvier distinguished three races—the white, yellow, and black. Huxley proceeds more strictly on a biological basis. He combines part of the Mongolian and American races of Blumenbach into one, assigns part of the South Asiatic peoples to the Australian type, and subdivides the European races into a dark and a light division. The numerical preponderance of the European types has evidently led him to make finer distinctions in this race, which he divides into the xanthochroic and melanochroic races. It would be easy to make subdivisions of equal value in other races. Still clearer is the influence of cultural points of view in classifications like those of Gobineau and Klemm (who distinguishes the active and passive races), according to the cultural achievements of the various types of man.

The most typical attempt to classify mankind from a consideration of both anatomical and linguistic points of view is that of Friederich Müller, who takes as the basis of his primary divisions the form of hair, while all the minor divisions are based on linguistic considerations.

1.3 Relations between Physical Type, Language, and Customs

An attempt to correlate the numerous classifications that have been proposed shows clearly a condition of utter confusion and contradiction. If it were true that anatomical form, language, and culture are all closely associated, and that each subdivision of mankind is characterized by a certain bodily form, a certain culture, and a certain language, which can never become separated, we might expect that the results of the various investigations would show better agreement. If, on the other hand, the various phenomena which were made the leading points in the attempt at classification are not closely associated, then we may naturally expect such contradictions and lack of agreement as are actually found.

It is therefore necessary, first of all, to be clear in regard to the significance of anatomical characteristics, language, and culture, as characteristic of any subdivision of mankind.

It seems desirable to consider the actual development of these various traits among the existing races.

1.3.1 Permanence of Physical Type; Changes in Language and Culture

At the present period we may observe many cases in which a complete change of language and culture takes place without a corresponding change in physical type. This is true, for instance, among the North American negroes, a people by descent largely African; in culture and language, however, essentially European. While it is true that certain survivals of African culture and language are found among our American negroes, their culture is essentially that of the uneducated classes of the people among whom they live, and their language is on the whole identical with that of their neighbors—English, French, Spanish, and Portuguese, according to the prevalent language in various parts of the continent. It might be objected that the transportation of the African race to America was an artificial one, and that in earlier times extended migrations and transplantations of this kind have not taken place.

The history of medieval Europe, however, shows clearly that

extended changes in language and culture have taken place many times without corresponding changes in blood.

Recent investigations of the physical types of Europe have shown with great clearness that the distribution of types has remained the same for a long period. Without considering details, it may be said that an Alpine type can easily be distinguished from a north-European type on the one hand, and a south-European type on the other. The Alpine type appears fairly uniform over a large territory, no matter what language may be spoken and what national culture may prevail in the particular district. The central-European Frenchmen, Germans, Italians, and Slavs are so nearly of the same type that we may safely assume a considerable degree of blood relationship, notwithstanding their linguistic differences.

Instances of similar kind, in which we find permanence of blood with far-reaching modifications of language and culture, are found in other parts of the world. As an example may be mentioned the Veddah of Ceylon, a people fundamentally different in type from the neighboring Singhalese, whose language they seem to have adopted, and from whom they have also evidently borrowed a number of cultural traits. Still other examples are the Japanese of the northern part of Japan, who are undoubtedly, to a considerable extent, Ainu in blood; and the Yukaghir of Siberia, who, while retaining to a great extent the old blood, have been assimilated in culture and language by the neighboring Tungus.

1.3.2 Permanence of Language; Changes of Physical Type

While it is therefore evident that in many cases a people, without undergoing a considerable change in type by mixture, have changed completely their language and culture, still other cases maybe adduced in which it can be shown that a people have retained their language while undergoing material changes in blood and culture, or in both. As an example of this may be mentioned the Magyar of Europe, who have retained their old language, but have become mixed with people speaking Indo-European languages, and who have, to all intents and purposes, adopted European culture.

Similar conditions must have prevailed among the Athapascans, one of the great linguistic families of North America. The great body of people speaking languages belonging to this linguistic stock live in the northwestern part of America, while other dialects are spoken by small tribes in California, and still others by a large body of people in Arizona and New Mexico. The relationship between all these dialects is so close that they must be considered as branches of one large group, and it must be assumed that all of them have sprung from a language once spoken over a continuous area. At the present time the people speaking these languages differ fundamentally in type, the inhabitants of the Mackenzie river region being quite different from the tribes of California, and these, again, differing from the tribes of New Mexico. The forms of culture in these different regions are also quite distinct; the culture of the California Athapascans resembles that of other Californian tribes, while the culture of the Athapascans of New Mexico and Arizona is influenced by that of other peoples of that area. It seems most plausible to assume in this case that branches of this stock migrated from one part of this large area to another, where they intermingled with the neighboring people, and thus changed their physical characteristics, while at the same time they retained their speech. Without historical evidence this process can not, of course, be proved. I shall refer to this example later on.

1.3.3 Changes of Language and Type

These two phenomena—a retention of type with a change of language, and a retention of language with a change of type—apparently opposed to each other, are still very closely related, and in many cases go hand in hand. An example of this is, for instance, the distribution of the Arabs along the north coast of Africa. On the whole, the Arab element has retained its language; but at the same time intermarriages with the native races were common, so that the descendants of the Arabs have often retained the old language and have changed their type. On the other hand, the natives have to a certain extent given up their own languages, but have continued to intermarry among themselves and have thus preserved their type. So far as any change of this kind is connected with intermixture, both types of changes must always occur at the same time, and will be classed as a change of type or a change of language, as our attention is directed to the one people or the other, or, in some cases, as the one or the other change is more pronounced. Cases of complete assimilation without any mixture of the people involved seem to be rare, if not entirely absent.

1.3.4 Permanence of Type and Language; Change of Culture

Cases of permanence of type and language and of change of culture are much more numerous. As a matter of fact, the whole historical development of Europe, from prehistoric times on, is one endless series of examples of this process, which seems to be much easier, since assimilation of cultures occurs everywhere without actual blood mixture, as an effect of imitation. Proof of diffusion of cultural elements may be found in every single cultural area which covers a district in which many languages are spoken. In North America, California offers a good example of this kind; for here many languages are spoken, and there is a certain degree of differentiation of type, but at the same time a considerable uniformity of culture prevails. Another case in point is the coast of New Guinea, where, notwithstanding strong local differentiations, a certain fairly characteristic type of culture prevails, which goes hand in hand with a strong differentiation of languages. Among more highly civilized peoples, the whole area which is under the influence of Chinese culture might be given as an example.

These considerations make it fairly clear that, at least at the present time, anatomical type, language, and culture have not necessarily the same fates; that a people may remain constant in type and language and change in culture; that they may remain constant in type, but change in language; or that they may remain constant in language and change in type and culture. If this is true, then it is obvious that attempts to classify mankind, based on the present distribution of type, language, and culture, must lead to different results, according to the point of view taken; that a classification based primarily on type alone will lead to a system which represents, more or less accurately, the blood relationships of the people, which do not need to coincide with their cultural relationships; and that, in the same way, classifications based on language and culture do not need at all to coincide with a biological classification.

If this be true, then a problem like the much discussed Aryan problem really does not exist, because the problem is primarily a linguistic one, relating to the history of the Aryan languages; and the assumption that a certain definite people whose members have always been related by blood must have been the carriers of this language throughout history; and the other assumption, that a certain cultural type must have always belonged to this people—are purely arbitrary ones and not in accord with the observed facts.

1.4 Hypothesis of Original Correlation of Type, Language, and Culture

Nevertheless, it must be granted, that in a theoretical consideration of the history of the types of mankind, of languages, and of cultures, we are led back to the assumption of early conditions during which each type was much more isolated from the rest of mankind than it is at the present time. For this reason, the culture and the language belonging to a single type must have been much more sharply separated from those of other types than we find them to be at the present period. It is true that such a condition has nowhere been observed: but the knowledge of historical developments almost compels us to assume its existence at a very early period in the development of mankind. If this is true, the question would arise, whether an isolated group, at an early period, was necessarily characterized by a single type, a single language, and a single culture, or whether in such a group different types, different languages, and different cultures may have been represented.

The historical development of mankind would afford a simpler and clearer picture, if we were justified in assuming that in primitive communities the three phenomena had been intimately associated. No proof, however, of such an assumption can be given. On the contrary, the present distribution of languages, as compared with the distribution of types, makes it plausible that even at the earliest times the biological units may have been wider than the linguistic units, and presumably also wider than the cultural units. I believe that it may be safely said that all over the world the biological unit is much larger than the linguistic unit: in other words, that groups of men who are so closely related in bodily appearance that we must consider them as representatives of the same variety of mankind, embrace a much larger number of individuals than the number of men speaking languages which we know to be genetically related. Examples of this kind may be given from many parts of the world. Thus, the European race—including under this term roughly all those individuals who are without hesitation classed by us as members of the white race—would include peoples speaking Indo-European, Basque, and Ural-Altaic languages. West African negroes would represent individuals of a certain negro type, but speaking the most diverse languages; and the same would be true, among Asiatic types, of Siberians; among American types, of part of the Californian Indians.

So far as our historical evidence goes, there is no reason to believe that the number of distinct languages has at any time been less than it is now. On the contrary, all our evidence goes to show that the number of apparently unrelated languages has been much greater in earlier times than at present. On the other hand, the number of types that have presumably become extinct seems to be rather small, so that there is no reason to suppose that at an early period there should have been a nearer correspondence between the number of distinct linguistic and anatomical types; and we are thus led to the conclusion that presumably, at an early time, each human type may have existed in a number of small isolated groups, each of which may have possessed a language and culture of its own.

However this may be, the probabilities are decidedly in favor of the assumption that there is no necessity to assume that originally each language and culture were confined to a single type, or that each type and culture were confined to one language: in short, that there has been at any time a close correlation between these three phenomena.

The assumption that type, language, and culture were originally closely correlated would entail the further assumption that these three traits developed approximately at the same period, and that they developed conjointly for a considerable length of time. This assumption does not seem by any means plausible. The fundamental types of man which are represented in the negroid race and in the mongoloid race must have been differentiated long before the formation of those forms of speech that are now recognized in the linguistic families of the world. I think that even the differentiation of the more important subdivisions of the great races antedates the formation of the existing linguistic families. At any rate, the biological differentiation and the formation of speech were, at this early period, subject to the same causes that are acting upon them now, and our whole experience shows that these causes act much more rapidly on language than on the human body. In this consideration lies the principal reason for the theory of lack of correlation of type and language, even during the period of formation of types and of linguistic families.

What is true of language is obviously even more true of culture. In other words, if a certain type of man migrated over a considerable area before its language assumed the form which can now be traced in related linguistic groups, and before its culture assumed the definite type the further development of which can now be recognized, there would be no possibility of ever discovering a correlation of type, language, and culture, even if it had ever existed; but it is quite possible that such correlation has really never occurred.

It is quite conceivable that a certain racial type may have scattered over a considerable area during a formative period of speech, and that the languages which developed among the various groups of this racial type came to be so different that it is now impossible to prove them to be genetically related. In the same way, new developments of culture may have taken place which are so entirely disconnected with older types that the older genetic relationships, even if they existed, can no longer be discovered.

If we adopt this point of view, and thus eliminate the hypothetical assumption of correlation between primitive type, primitive language, and primitive culture, we recognize that any attempt at classification which includes more than one of these traits can not be consistent.

It may be added that the general term "culture" which has been used here may be subdivided from a considerable number of points of view, and different results again might be expected when we consider the inventions, the types of social organization, or beliefs, as leading points of view in our classification.

1.5 Artificial Character of All Classifications of Mankind

We recognize thus that every classification of mankind must be more or less artificial, according to the point of view selected, and here, even more than in the domain of biology, we find that classification can only be a substitute for the genesis and history of the now existing types.

Thus we recognize that the essential object in comparing different types of man must be the reconstruction of the history of the development of their types, their languages, and their cultures. The history of each of these various traits is subject to a distinct set of modifying causes, and the investigation of each may be expected to contribute data toward the solution of our problem. The biological investigation may reveal the blood-relationships of types and their modifications under social and geographical environment. The linguistic investigation may disclose the history of languages, the contact of the people speaking them with other people, and the causes that led to linguistic differentiation and integration; while the history of civilization deals with the contact of a people with neighboring peoples, as well as with the history of its own achievements.

2 THE CHARACTERISTICS OF LANGUAGE

2.1 Definition of Language

The discussions of the preceding chapter have shown that a consideration of the human languages alone must not be understood to yield a history of the blood-relationships of races and of their component elements, but that all that we can hope to obtain is a clear understanding of the relationship of the languages, no matter by whom they may be spoken.

Before discussing the extent to which we may reconstruct the history of languages, it seems necessary to describe briefly the essential traits of human speech.

In our present discussion we do not deal with gesture-language or musical means of communication, but confine ourselves to the discussion of articulate speech; that is, to communication by means of groups of sounds produced by the articulating organs—the larynx, oral cavity, tongue, lips, and nose.

2.2 Character of Phonetics

Speech consists of groups of sounds produced by the articulating organs, partly noises made by opening and closing certain places in the larynx, pharynx, mouth, or nose, or by restricting certain parts of the passage of the breath; partly resonant sounds produced by the vocal chords.

2.2.1 Number of Sounds Unlimited

The number of sounds that may be produced in this manner is unlimited. In our own language we select only a limited number of all possible sounds; for instance, some sounds, like *p*, are produced by the closing and a sudden opening of the lips; others, like *t*, by bringing the tip of the tongue into contact with the anterior portion of the palate, by producing a closure at this point, and by suddenly expelling the air. On the other hand, a sound might be produced by placing the tip of the tongue between the lips, making a closure in this manner, and by expelling the air suddenly. This sound would to our ear partake of the character of both our *t* and our *p*, while it would correspond to neither of these. A comparison of the sounds of the well-known European languages—like English, French, and German; or even of the different dialects of the same languages, like those of Scotch and of the various English dialects—reveals the fact that considerable variation occurs in the manner of producing sounds, and that each dialect has its own characteristic phonetic system, in which each sound is nearly fixed, although subject to slight modifications which are due to accident or to the effects of surrounding sounds.

2.2.2 Each Language Uses a Limited Number of Sounds

One of the most important facts relating to the phonetics of human speech is, that every single language has a definite and limited group of sounds, and that the number of those used in any particular dialect is never excessively large.

It would seem that this limitation in the use of sounds is necessary in order to make possible rapid communication. If the number of sounds that are used in any particular language were unlimited, the accuracy with which the movements of the complicated mechanism required for producing the sounds are performed would presumably be lacking, and consequently rapidity and accuracy of pronunciation, and with them the possibility of accurate interpretation of the sounds heard, would be difficult, or even impossible. On the other hand, limitation of the number of sounds brings it about that the movements required in the production of each become automatic, that the association between the sound heard and the muscular movements, and that between the auditory impression and the muscular sensation of the articulation, become firmly fixed. Thus it would seem that limited phonetic resources are necessary for easy communication.

2.2.3 Alleged Lack of Differentiation of Sounds in Primitive Languages

It has been maintained that this is not a characteristic found in more primitive types of languages, and particularly, examples of

American languages have often been brought forward to show that the accuracy of their pronunciation is much less than that found in the languages of the civilized world.

It would seem that this view is based largely on the fact that certain sounds that occur in American languages are interpreted by observers sometimes as one European sound, sometimes as another. Thus the Pawnee language contains a sound which may be heard more or less distinctly sometimes as an *l*, sometimes an *r*, sometimes as *n*, and again as *d*, which, however, without any doubt, is throughout the same sound, although modified to a certain extent by its position in the word and by surrounding sounds. It is an exceedingly weak *r*, made by trilling with the tip of the tongue at a point a little behind the roots of the incisors, and in which the tongue hardly leaves the palate, the trill being produced by the lateral part of the tongue adjoining the tip. As soon as the trill is heard more strongly, we receive the impression of an *r*. When the lateral movement prevails and the tip of the tongue does not seem to leave the palate, the impression of an *l* is strongest, while when the trill is almost suppressed and a sudden release of the tongue from the palate takes place, the impression of the *d* is given. The impression of an *n* is produced because the sound is often accompanied by an audible breathing through the nose. This peculiar sound is, of course, entirely foreign to our phonetic system; but its variations are not greater than those of the English *r* in various combinations, as in *broth*, *mother*, *where*. The different impression is brought about by the fact that the sound, according to its prevailing character, associates itself either with our *l*, or our *r*, *n*, or *d*.

Other examples are quite common. Thus, the lower Chinook has a sound which is readily perceived as a *b*, *m*, or *w*. As a matter of fact, it is a *b* sound, produced by a very weak closure of the lips and with open nose, the breath passing weakly both through the mouth and through the nose, and accompanied by a faint intonation of the vocal chords. This sound associates itself with our *b*, which is produced by a moderately weak release of the lips; with our *m*, which is a free breath through the nose with closed lips; and with our *w*, which is a breath through the lips, which are almost closed, all accompanied by a faint intonation of the vocal chords. The association of this sound with *w*, is particularly marked when it appears in combination with a *u* vowel, which imitates the characteristic *u* tinge of our *w*. Still another example is the *b* sound, which is produced with half-closed nose by the Indians of the Strait of Fuca, in the State of Washington. In this case the characteristic trait of the sound is a semiclosure of the nose, similar to the effect produced by a cold in the head. Not less common are sounds intermediate between our vowels. Thus we seem to find in a number of Indian languages a vowel which is sometimes perceived as *o*, sometimes as *u* (continental pronunciation), and which is in reality pronounced in a position intermediate between these two sounds.

The correctness of this interpretation of Indian phonetics is perhaps best proved by the fact that observers belonging to different nationalities readily perceive the sounds in accordance with the system of sounds with which they are familiar. Often it is not difficult to recognize the nationality of a recorder from the system selected by him for the rendering of sounds.

Still another proof of the correctness of this view of Indian phonetics is given by the fact that, wherever there is a greater number of Indian sounds of a class represented by a single sound in English, our own sounds are misinterpreted in similar manner. Thus, for instance, the Indians of the North Pacific coast have a series of *l* sounds, which may be roughly compared to our sounds *tl*, *cl*, *gl*. Consequently, a word like *close* is heard by the Indians sometimes one way, sometimes another; our *cl* is for them an intermediate sound, in the same way as some Indian sounds are intermediate sounds to our ears. The alternation of the sounds is clearly an effect of perception through the medium of a foreign system of phonetics, not that of a greater variability of pronunciation than the one that is characteristic of our own sounds.

While the phonetic system of each language is limited and fixed, the sounds selected in different types of languages show great differences, and it seems necessary to compare groups of languages from the point of view of their constituent phonetic elements.

2.2.4 Brief Description of Phonetics

A complete discussion of this subject can not be given at this place; but a brief statement of the characteristics of articulate sounds, and the manner of rendering them by means of symbols, seems necessary.

All articulate sounds are produced by the vibrations of the articulating organs, which are set in motion by breathing. In the vast majority of cases it is the outgoing breath which causes the vibrations; while in a few languages, as in those of South Africa, the breath, while being drawn in, is used for producing the sound.

One group of sounds is produced by the vibration of the vocal chords, and is characterized by the form given to the cavities of mouth and nose. These are the vowels. When the nose is closed, we have pure vowels; when the posterior part of the nose is more or less open, more or less nasalized vowels. The character of the vowel depends upon the form given to the oral cavity. The timbre of the vowels changes according to the degree to which the larynx is raised; the epiglottis lowered or raised; the tongue retracted or brought forward and its back rounded or flattened; and the lips rounded and brought forward, or an elongated opening of the mouth produced by retracting the corners of the mouth. With open lips and the tongue and pharynx at rest, but the soft palate (velum) raised, we have the pure vowel *a*, similar to the *a* in *father*. From this sound the vowels vary in two principal directions. The one extreme is *u* (like *oo* in English *fool*), with small round opening of the protruding lips, tongue retracted, and round opening between tongue and palate, and large opening between larynx and pharynx, the larynx still being almost at rest. The transitional sounds pass through *â* (*aw* in English *law*) and *o* (as in *most*), but the range of intermediate positions is continuous. In another direction the vowels pass from *a* through *e* (*a* in English *mane*) to *i* (*ee* in *fleet*). The *i* is pronounced with extreme retraction of the corners of the mouth and elongated opening of the lips, with very narrow flat opening between tongue and palate, and the posterior part of the tongue brought forward, so that there is a wide opening in the back part of the mouth, the larynx being raised at the same time.

Variations of vowels may be produced by a different grouping of the movements of the articulating organs. Thus, when the lips are in *i* position, the tongue and pharynx and larynx in *u* position, we have the sound *ü*, which is connected with the *a* by a series passing through *ö*. These sounds are similar to the German umlaut.

Other combinations of positions of the tongue and of the lips occur, although the ones here described seem to be the most frequent vowel-sounds. All vowels may become very much weakened in strength of articulation, and dwindle down to a slight intonation of the vocal chords, although retaining the peculiar vowel timbre, which depends upon the position of mouth, nose, and lips. When this articulation becomes very weak, all the vowels tend to become quite similar in character, or may be influenced in their timbre by neighboring consonants, as will be described later.

All sounds produced by vibrations in any part of the articulating organs other than the vocal chords are consonants. These vibrations may be produced either by closing the air-passages completely and then suddenly opening the closure, or by producing a narrowing or stricture at any point. The former series of sounds are called "stops" (like our *p*, *t*, *k*). In all of these there is a complete closure before the air is expelled. The latter are called "spirants" or "continued" (like our *s* and *f*), in which there is a continuous escape of breath. When a stop is made and is followed by a breathing through a stricture at the same place, sounds develop like our *ts*. These are called "affricatives." When the mouth is completely stopped, and the air escapes through the nose, the sound is called a "nasal consonant" (like our *m* and *n*). There may also be stricture and nasal opening. A rapidly repeated series of stops, a trill, is represented by our *r*. The character of the sound depends largely upon the parts of the articulating organs that produce the closure or stricture, and upon the place where these occur. Closure or stricture may be made by the lips, lips and tongue, lips and teeth, tongue and teeth, tongue and hard palate, tongue and soft palate (velum), by the vocal chords, and in the nose.

In the following table, only the principal groups of consonants are described. Rare sounds are omitted. According to what has been said before, it will be recognized that here also the total number of possible sounds is infinitely large.

Bilabial stop	p
Linguo-palatal stops:	
Apical (dental, alveolar, post-alveolar)	t
Cerebral (produced with the tip of the tongue turned backward)	t
Dorsal:	
Anterior palatal	k·
Medial	k
Velar	q
Glottal (a stop produced with the vocal chords)	ε
Nasal	ɴ

Almost all these stops may be modified by giving to the closure a different degree of stress. In English we have two principal degrees of stress, represented, for instance, by our *b* and *p* or *d* and *t*. In many languages, as, for instance, in Sioux and in the languages of the Pacific coast, there are three degrees of stress that may be readily differentiated. The strongest of these we call the "fortis," and indicate it by following the consonant by an ! (*p!*, *t!*).

When these stops are not accompanied by any kind of vibration of the vocal chords, they are called "surds."

It is, of course, also possible that more than one stop may be made at one time. Thus it might be possible to close at the same time the lips and the posterior part of the mouth with the tongue. This type of combination is, however, rare; but we find very frequently articulation of the vocal chords with stops. This results in the voiced consonants, or sonants. In English we find that almost always the stress of articulation of the voiced sound is less than the stress of articulation of the unvoiced sound, or surd; but this correlation is not necessary. In American languages particularly, we find very commonly the same degree of stress used with voicing and without voicing, which brings it about that to the European ear the surd and sonant are difficult to distinguish.

A third modification of the consonants is brought about by the strength of breathing accompanying the release of the closure. In a sound like *t*, for instance, the sound may be simply produced by closing the mouth, by laying the tip of the tongue firmly against the palate, producing a slightly increased amount of air-pressure behind the tongue, and then releasing the closure. On the other hand, the sound may be produced by bringing about the closure and combining the release with the expiration of a full breath. Sounds which are accompanied by this full breathing may be called "aspirates," and we will designate the aspiration by ʿ, the symbol of the Greek spiritus asper. This full breathing may follow the stop, or may begin even before the completion of the closure. With the increased stress of closure of the fortis is connected a closure of the glottis or of the posterior part of the tongue, so that only the air that has been poured into the vocal cavity is expelled.

In the case of voiced consonants, the voicing may either be entirely synchronous with the consonant, or it may slightly precede or follow it. In both of these cases we may get the impression of a preceding or following exceedingly weak vowel, the timbre of which will depend essentially upon the accompanying consonant.

When the timbre is very indefinite, we write this vowel *E*; when it is more definite, *A*, *I*, *O*, *U*, etc. In other cases, where the release at the closure is made without a full breath going out, and simply by compressing the air slightly in the space behind the closure, a break is very liable to originate between the stop and the following sound of the word. Such a hiatus in the word is indicated by an apostrophe ('). It seems likely that, where such a hiatus occurs following a vowel, it is generally due to a closing of the glottis.

Most of the phenomena here described may also occur with the spirants and nasals, which, however, do not seem to differ so much in regard to strength; while the character of the outgoing breath, the voicing and the breaking-off, show traits similar to those observed among the stops.

All the stops may be changed into nasals by letting the air escape through the nose while the closure is continued. In this manner originate our *n* and *m*. The nasal opening may also differ in width, and the stricture of the upper nares may produce semi-nasalized consonants.

In the spirant sounds before described, the escape of the air is along the middle line of the palate. There are a number of other sounds in which the air escapes laterally. These are represented by our *l*. They also may vary considerably, according to the place and form of the opening through which the air escapes and the form of closure of the mouth.

It seems that the peculiar timbre of some of the consonants depends also upon the resonance of the oral opening. This seems to be particularly the case in regard to the *t* and *k* sounds. In pronouncing the *t* sounds, one of the essential characteristics seems to be that the posterior part of the mouth is open, while the anterior portion of the mouth is filled by the tongue. In the *k* series, on the other hand, the posterior portion of the mouth is filled by the tongue, while the anterior portion remains open. Sounds produced with both the posterior and anterior portion of the mouth open partake of the character of both the *k* and *t* series.①

Two of the vowels show a close affiliation to consonants of the continuant series. These are *i* and *u*, owing largely to the fact that in *i* the position of the tongue is very nearly a stricture in the anterior portion of the mouth, while in *u* the position of the lips is quite near to a stricture. Thus originate the semi-vowels *y* and *w*. The last

①See P. W. Schmidt, Anthropos, II, 834.

sound that must be mentioned is the free breathing *h*, which, in its most characteristic form, is produced by the expiration of the breath with all the articulating organs at rest.

In tabular form we obtain thus the following series of the most important consonantic sounds:

	Stops.			Spirants.		Nasals.		Trill.	
	Sonant.	Surd.	Fortis.	Sonant.	Surd.	Sonant.	Surd.	Sonant.	Surd.
Bilabial	b	p	p!	v	f	m	m̥		
Labio-dental				v	f				
Linguo-labial	d	t	t!	ç	¢	n	n̥		
Linguo-dental	d	t	t!	ç	¢	n	n̥		
Dental				j	c				
Lingual—									
Apical Cerebral	d	t	t!	z	s	n	n̥	r	r̥
Dorsal—									
Medial	g	k	k!	γ	x̣	ñ	ñ̥	r	ṛ
Velar	g	q	q!	γ̣	x	ṇ̃	ñ̥̣	ṛ	ʀ
Lateral	ʟ̣	ʟ	ʟ!	l	ł				
Glottal	ε								
Nasal	ɴ								

Semi-vowels y, w. Breath, ‘h. Hiatus ’.

The vocalic tinge of consonants is expressed by superior vowels following them: $^{a\ e\ i\ o\ u}$. The series of affricatives which begin with a stop and end with a continued sound have been omitted from this table.

It will be noticed that in the preceding table the same symbols are used in several columns. This is done, because, ordinarily, only one, or at most two, series of these groups occur in one language, so that these differences can be expressed in each special case by diacritical marks. Attempts have been made by other authors to give a general system of sound representation. For any particular language, these are liable to become cumbersome, and are therefore not used in the sketches contained in this volume.

2.2.5 Unconsciousness of Phonetic Elements

In the preceding pages we have briefly discussed the results of an analysis of the phonetic elements of human speech. It must, however, be remembered that the single sound as such has no independent existence, that it never enters into the consciousness of the speaker, but that it exists only as a part of a sound-complex which conveys a definite meaning. This will be easily recognized, if we consider for a moment grammatical forms in the English language in which the modification of the idea is expressed by a single sound. In the word *hills*, the terminal *s* does not enter our consciousness as a separate element with separate significance, expressing the idea of plurality,—except, perhaps, in so far as our grammatical training has taught us the fact that plurals may be formed by the use of a terminal *s*,—but the word forms a firm unit, which conveys a meaning only as a whole. The variety of uses of the terminal *s* as a plural, possessive, and third person singular of the verb, and the strong effort required to recognize the phonetic identity of these terminal elements, may be adduced as a further proof of the fact that the single phonetic elements become conscious to us only as a result of analysis. A comparison of words that differ only in a single sound, like *mail* and *nail*, *snake* and *stake*, makes it also clear that the isolation of sounds is a result of secondary analysis.

2.3 Grammatical Categories

2.3.1 Differences in Categories of Different Languages

In all articulate speech the groups of sounds which are uttered serve to convey ideas, and each group of sounds has a fixed meaning. Languages differ not only in the character of their constituent phonetic elements and sound-clusters, but also in the groups of ideas that find expression in fixed phonetic groups.

2.3.2 Limitation of the Number of Phonetic Groups Expressing Ideas

The total number of possible combinations of phonetic elements is also unlimited; but only a limited number are used to express ideas. This implies that the total number of ideas that are expressed by distinct phonetic groups is limited in number.

Since the total range of personal experience which language serves to express is infinitely varied, and its whole scope must be expressed by a limited number of phonetic groups, it is obvious that an extended classification of experiences must underlie all articulate speech.

This coincides with a fundamental trait of human thought. In our actual experience no two sense-impressions or emotional states are identical. Nevertheless we classify them, according to their similarities, in wider or narrower groups the limits of which may be determined from a variety of points of view. Notwithstanding their individual differences, we recognize in our experiences common elements, and consider them as related or even as the same, provided a sufficient number of characteristic traits belong to them in common. Thus the limitation of the number of phonetic groups expressing distinct ideas is an expression of the psychological fact that many different individual experiences appear to us as representatives of the same category of thought.

This trait of human thought and speech may be compared in a certain manner to the limitation of the whole series of possible articulating movements by selection of a limited number of habitual movements. If the whole mass of concepts, with all their variants, were expressed in language by entirely heterogeneous and unrelated sound-complexes, a condition would arise in which closely related ideas would not show their relationship by the corresponding relationship of their phonetic symbols, and an infinitely large number of distinct phonetic groups would be required for expression. If this were the case, the association between an idea and its representative sound-complex would not become sufficiently stable to be reproduced automatically without reflection at any given moment. As the automatic and rapid use of articulations has brought it about that a limited number of articulations only, each with limited variability, and a limited number of sound-clusters, have been selected from the infinitely large range of possible articulations and clusters of articulations, so the infinitely large number of ideas have been reduced by classification to a lesser number, which by constant use have established firm associations, and which can be used automatically.

It seems important at this point of our considerations to emphasize the fact that the groups of ideas expressed by specific phonetic groups show very material differences in different languages, and do not conform by any means to the same principles of classification. To take again the example of English, we find that the idea of WATER is expressed in a great variety of forms: one term serves to express water as a LIQUID; another one, water in the form of a large expanse (LAKE) ; others, water as running in a large body or in a small body (RIVER and BROOK) ; still other terms express water in the form of RAIN, DEW, WAVE, and FOAM. It is perfectly conceivable that this variety of ideas, each of which is expressed by a single independent term in English, might be expressed in other languages by derivations from the same term.

Another example of the same kind, the words for SNOW in Eskimo, may be given. Here we find one word, *aput*, expressing

SNOW ON THE GROUND; another one, *qana*, FALLING SNOW; a third one, *piqsirpoq*, DRIFTING SNOW; and a fourth one, *qimuqsuq*, A SNOWDRIFT.

In the same language the SEAL in different conditions is expressed by a variety of terms. One word is the general term for SEAL; another one signifies the SEAL BASKING IN THE SUN; a third one, a SEAL FLOATING ON A PIECE OF ICE; not to mention the many names for the seals of different ages and for male and female.

As an example of the manner in which terms that we express by independent words are grouped together under one concept, the Dakota language may be selected. The terms *naxta'ka* TO KICK, *paxta'ka* TO BIND IN BUNDLES, *yaxta'ka* TO BITE, *ic'a'xtaka* TO BE NEAR TO, *boxta'ka* TO POUND, are all derived from the common element *xtaka* TO GRIP, which holds them together, while we use distinct words for expressing the various ideas.

It seems fairly evident that the selection of such simple terms must to a certain extent depend upon the chief interests of a people; and where it is necessary to distinguish a certain phenomenon in many aspects, which in the life of the people play each an entirely independent rôle, many independent words may develop, while in other cases modifications of a single term may suffice.

Thus it happens that each language, from the point of view of another language, may be arbitrary in its classifications; that what appears as a single simple idea in one language may be characterized by a series of distinct phonetic groups in another.

The tendency of a language to express a complex idea by a single term has been styled "holophrasis," and it appears therefore that every language may be holophrastic from the point of view of another language. Holophrasis can hardly be taken as a fundamental characteristic of primitive languages.

We have seen before that some kind of classification of expression must be found in every language. This classification of ideas into groups, each of which is expressed by an independent phonetic group, makes it necessary that concepts which are not readily rendered by a single one among the available sound-complexes should be expressed by combinations or by modifications of what might be called the elementary phonetic groups, in accordance with the elementary ideas to which the particular idea is reduced.

This classification, and the necessity of expressing certain experiences by means of other related ones, which by limiting one another define the special idea to be expressed, entail the presence of certain formal elements which determine the relations of the single phonetic groups. If each idea could be expressed by a single phonetic group, languages without form would be possible. Since, however, ideas must be expressed by being reduced to a number of related ideas, the kinds of relation become important elements in articulate speech; and it follows that all languages must contain formal elements, and that their number must be the greater, the fewer the elementary phonetic groups that define special ideas. In a language which commands a very large, fixed vocabulary, the number of formal elements may become quite small.

2.3.3 Grammatical Processes

It is important to note that, in the languages of the world, the number of processes which are utilized to express the relations of terms is limited. Presumably this is due to the general characteristics of articulate speech. The only methods that are available for expressing the relations between definite phonetic groups are their composition in definite order, which may be combined with a mutual phonetic influence of the component elements upon one another, and inner modification of the phonetic groups themselves. Both these methods are found in a great many languages, but sometimes only the method of composition occurs.

2.3.4 Word and Sentence

In order to understand the significance of the ideas expressed by independent phonetic groups and of the elements expressing their mutual relations, we have to discuss here the question, What forms the unit of speech? It has been pointed out before that the phonetic elements as such can be isolated only by analysis, and that they occur in speech only in combinations which are the equivalents of definite concepts.

Since all speech is intended to serve for the communication of ideas, the natural unit of expression is the sentence; that is to say, a group of articulate sounds which convey a complete idea. It might seem that speech can readily be further subdivided, and that the word also forms a natural unit from which the sentence is built up. In most cases, however, it is easy to show that such is not the case, and that the word as such is known only by analysis. This is particularly clear in the case of words like prepositions, conjunctions, or verbal forms which belong to subordinate clauses. Thus it would be exceedingly difficult to imagine the use of words like *and*, *for*, *to*, *were*, expressed in such a way that they would convey a clear idea, except perhaps in forms like the Laconic *If*, in which all the rest of the sentence is implied, and sufficiently indicated by the *if*. In the same way, however, we who are grammatically trained may use a simple ending to correct an idea previously expressed. Thus the statement *He sings beautifully* might elicit a reply, *sang*; or a laconically inclined person might even remark, in reply to the statement *He plays well*, *-ed*, which by his friends might be well understood. It is clear that in all these cases the single elements are isolated by a secondary process from the complete unit of the sentence.

Less clear appears the artificiality of the word as a unit in those cases in which the word seems to designate a concept that stands out clearly from others. Such is the case, for instance, with nouns; and it might seem that a word like *stone* is a natural unit. Nevertheless it will be recognized that the word *stone* alone conveys at most an objective picture, not a complete idea.

Thus we are led to the important question of the relation of the word to the sentence. Basing our considerations on languages differing fundamentally in form, it would seem that we may define the word as *a phonetic group which, owing to its permanence of form, clearness of significance, and phonetic independence, is readily separated from the whole sentence.* This definition obviously contains a considerable number of arbitrary elements, which may induce us, according to the general point of view taken, sometimes to designate a certain unit as a word, sometimes to deny its independent existence. We shall see later on, in the discussion of American languages, that this practical difficulty confronts us many times, and that it is not possible to decide with objective certainty whether it is justifiable to consider a certain phonetic group as an independent word or as a subordinate part of a word.

Nevertheless there are certain elements contained in our definition which seem to be essential for the interpretation of a sound-complex as an independent word. From the point of view of grammatical form, the least important; from the point of view of phonetics, however, the most fundamental, is the phonetic independence of the element in question. It has been pointed out before how difficult it is to conceive the independence of the English *s*, which expresses the plural, the possessive, and the third person singular of the verb. This is largely due to the phonetic weakness of this grammatical element. If the idea of plurality were expressed by an element as strong phonetically as the word *many;* the possessive part of the word, by an element as strong as the preposition *of;* and the third person singular, by an element like *he*—we might, perhaps, be much more ready to recognize the character of these elements as independent words, and we actually do so. For example, *stones*, *John's*, *loves*, are single words; while *many sheep*, *of stone*, *he went*, are each considered as two words. Difficulties of this kind are met with constantly in American languages. Thus we find in a language like the Chinook that modifying elements are expressed by single sounds which phonetically enter into clusters which are pronounced without any break. To give an example: The word *aniā'lōt* I GIVE HIM TO HER may be analyzed into the following elements: *a* (tense), *n* I, *i* HIM, *a* HER, *l* TO, *ō* (direction away), *t* TO GIVE. Here, again, the weakness of the component elements and their close phonetic association forbid us to consider them independent words; while the whole expression appears to us as a firm unit.

Whenever we are guided by this principle alone, the limitation of the word unit appears naturally exceedingly uncertain, on account of the difference in impression of the phonetic strength of the component elements.

It also happens that certain elements appear sometimes with such phonetic weakness that they can not possibly be considered as independent units of the sentence, while closely related forms, or even the same forms in other combinations, may gain the strength which they are lacking in other cases. As an example of this kind may be given the Kwakiutl, in which many of the pronominal forms appear as exceedingly weak phonetic elements. Thus the expression HE STRIKES HIM WITH IT is rendered by *mîx·ᵋī'dᴇqs*, in which the two terminal elements mean: *q* HIM, *s* WITH IT. When, however, substantives are introduced in this expression for object and instrument, the *q* assumes the fuller form *xa*, and the *s* the fuller form *sa*, which we might quite readily write as independent words analogous to our articles.

I doubt very much whether an investigator who would record French in the same way as we do the unwritten American languages would be inclined to write the pronominal elements which enter into the transitive verb as independent words, at least not when recording the indicative forms of a positive verb. He might be induced to do so on discovering their freedom of position which appears in the negative and in some interrogative forms.

The determining influence of the freedom of position of a phonetically fixed part of the sentence makes it necessary to include it in our definition of the word.

Whenever a certain phonetic group appears in a variety of positions in a sentence, and always in the same form, without any, or at least without material, modifications, we readily recognize its individuality, and in an analysis of the language we are inclined to consider it as a separate word. These conditions are fully realized only in cases in which the sound-complex in question shows no modifications at all.

It may, however, happen that minor modifications occur, particularly at the beginning and at the end, which we may be ready to disregard on account of their slight significance as compared to the permanence of the whole word. Such is the case, for instance, in the Dakota language, in which the terminal sound of a permanent word-complex which has a clearly defined significance will automatically modify the first sound of the following word-complex which has the same characteristics of permanence. The reverse may also occur. Strictly speaking, the line of demarcation between what we should commonly call two words is lost in this case; but the mutual influence of the two words in connection is, comparatively speaking, so slight that the concept of the individuality of the word outweighs their organic connection.

In other cases, where the organic connection becomes so firm that either both or one of the component elements may never occur without signs marking their close coupling, they will appear to us as a single unit. As an example of this condition may be mentioned the Eskimo. This language contains a great many elements which are quite clear in their significance and strong in phonetic character, but which in their position are so limited that they always follow other definite parts of the sentence, that they can never form the beginning of a complete phonetic group, and that the preceding phonetic group loses its more permanent phonetic form whenever they appear added to it. To give an example: *takuvoq* means HE SEES; *takulerpoq* means HE BEGINS TO SEE. In the second form the idea of seeing is contained in the element *taku-*, which by itself is incomplete. The following element, *-ler*, can never begin a sentence, and attains the significance of BEGINNING only in connection with a preceding phonetic group, the terminal sound of which is to a certain extent determined by it. In its turn, it requires an ending, which expresses, in the example here selected, the third person singular, *-poq*; while the word expressing the idea of SEEING requires the ending *-voq* for the same person. These also can not possibly begin a sentence, and their initial sounds, *v* and *p*, are determined solely by the terminal sounds of the preceding elements. Thus it will be seen that this group of sound-complexes forms a firm unit, held together by the formal incompleteness of each part and their far-reaching phonetic influences upon one another. It would seem that, in a language in which the elements are so firmly knit together as in Eskimo, there could not be the slightest doubt as to what constitutes the word in our ordinary sense of the term. The same is true in many cases in Iroquois, a language in which conditions quite similar to those in the Eskimo prevail. Here an example may be given from the Oneida dialect. *Watgajijanegale* THE FLOWER BREAKS OPEN consists of the formal elements *wa-*, *-t-*, and *-g-*, which are temporal, modal, and pronominal in character; the vowel *-a-*, which is the character of the stem *-jija* FLOWER, which never occurs alone; and the stem *-negale*

TO BREAK OPEN, which also has no independent existence.

In all these cases the elements possess great clearness of significance, but the lack of permanence of form compels us to consider them as parts of a longer word.

While in some languages this gives us the impression of an adequate criterion for the separation of words, there are other cases in which certain parts of the sentence may be thus isolated, while the others retain their independent form. In American languages this is particularly the case when nouns enter the verbal complex without any modification of their component elements. This is the case, for instance, in Pawnee: *tā̃'tuk*^{u}*t* I HAVE CUT IT FOR THEE, and *rīks* ARROW, combine into *tatū̃'riksk*^{u}*t* I CUT THY ARROW. The closeness of connection of these forms is even clearer in cases in which far-reaching phonetic modifications occur. Thus the elements *ta-t-ru*^{ɛ}*n* combine into *ta'hu*^{ɛ}*n* I MAKE (because *tr* in a word changes to *h*); and *ta-t-rīks-ru*^{ɛ}*n* becomes *tahīkstu*^{ɛ}*n* I MAKE AN ARROW (because *r* after *s* changes to *t*). At the same time *rīks* ARROW occurs as an independent word.

If we follow the principle laid down in the preceding remarks, it will readily be seen that the same element may appear at one time as an independent noun, then again as a part of a word, the rest of which has all the characteristics before described, and which for this reason we are not inclined to consider as a complex of independent elements.

Ambiguity in regard to the independence of parts of the sentence may also arise either when in their significance they become dependent upon other parts of the sentence, or when their meaning is so vague and weak as compared to the other parts of the sentence that we are led to regard them as subordinate parts. Words of this kind, when phonetically strong, will generally be considered as independent particles; when, on the other hand, they are phonetically weak, they will generally be considered as modifying parts of other words. A good example of this kind is contained in the Ponca texts by the Rev. James Owen Dorsey,[1] in which the same elements are often treated as independent particles, while in other cases they appear as subordinate parts of words. Thus we find *¢éama* THESE (p. 23, line 17), but *jábe amá* THE BEAVER (p. 553, line 7).

The same is true in regard to the treatment of the grammar of

[1] Contributions to North American Ethnology, VI.

the Sioux by the Rev. S. R. Riggs. We find in this case, for instance, the element *pi* always treated as the ending of a word, probably owing to the fact that it represents the plural, which in the Indo-European languages is almost always expressed by a modification of the word to which it applies. On the other hand, elements like *kta* and *śni*, signifying the future and negation respectively, are treated as independent words, although they appear in exactly the same form as the *pi* mentioned before.

Other examples of this kind are the modifying elements in Tsimshian, a language in which innumerable adverbial elements are expressed by fairly weak phonetic groups which have a definite position. Here, also, it seems entirely arbitrary whether these phonetic groups are considered as separate words, or whether they are combined with the verbal expressions into a single word. In these cases the independent existence of the word to which such particles are joined without any modification will generally determine us to consider these elements as independent particles, provided they are phonetically strong enough; while whenever the verbal expression to which they are joined is modified either by the insertion of these elements between its component parts, or in some other way, we are inclined to consider them as parts of the word.

It seemed important to discuss somewhat fully the concept of the word in its relation to the whole sentence, because in the morphological treatment of American languages this question plays an important rôle.

2.3.5 Stem and Affix

The analytic treatment of languages results in the separation of a number of different groups of the elements of speech. When we arrange these according to their functions, it appears that certain elements recur in every single sentence. These are, for instance, the forms indicating subject and predicate, or, in modern European languages, forms indicating number, tense, and person. Others, like terms expressing demonstrative ideas, may or may not occur in a sentence. These and many others are treated in our grammars. According to the character of these elements, they seem to modify the material contents of the sentence; as, for instance, in the English sentences *he strikes him*, and *I struck thee*, where the idea of striking somebody appears as the content of the communication; while the ideas *he*, *present*, *him*, and *I*, *past*, *thee*, appear as modifications.

It is of fundamental importance to note that this separation of the ideas contained in a sentence into material contents and formal modifications is an arbitrary one, brought about, presumably, first of of all, by the great variety of ideas which may be expressed in the same formal manner by the same pronominal and tense elements. In other words, the material contents of the sentence may be represented by subjects and predicates expressing an unlimited number of ideas, while the modifying elements—here the pronouns and tenses—comprise, comparatively speaking, a very small number of ideas. In the discussion of a language, the parts expressing the material contents of sentences appear to us as the subject-matter of lexicography; parts expressing the modifying relations, as the subject-matter of grammar. In modern Indo-European languages the number of ideas which are expressed by subordinate elements is, on the whole, limited, and for this reason the dividing-line between grammar and dictionary appears perfectly clear and well drawn. In a wider sense, however, all etymological processes and word compositions must be considered as parts of the grammar; and, if we include those, we find that, even in Indo-European languages, the number of classifying ideas is quite large.

In American languages the distinction between grammar and lexicography often becomes quite obscure, owing to the fact that the number of elements which enter into formal compositions becomes very large. It seems necessary to explain this somewhat more fully by examples. In the Tsimshian language we find a very great number of adverbial elements which can not be considered as entirely independent, and which, without doubt, must be considered as elements modifying verbal ideas. On account of the very large number of these elements, the total number of verbs of motion seems to be somewhat restricted, although the total number of verbs that may be combined with these adverbial ideas is much larger than the total number of the adverbial ideas themselves. Thus, the number of adverbs appears to be fixed, while the number of verbs appears unlimited; and consequently we have the impression that the former are modifying elements, and that their discussion belongs to the grammar of the language, while the latter are words, and their discussion belongs to the lexicography of the language. The number of such modifying elements in Eskimo is even larger; and here the impression that the discussion of these elements belongs to the grammar of the language is increased by the fact that they can never take an initial position, and that they are not placed following a complete word, but are added to an element which, if pronounced by itself, would not give any sense.

Now, it is important to note that, in a number of languages, the number of the modifying elements may increase so much that it may become doubtful which element represents a series of ideas limited in number, and which represents an almost unlimited series of words belonging to the vocabulary. This is true, for instance, in Algonquian, where in almost all verbs several elements appear in conjunction, each in a definite position, but each group so numerous that it would be entirely arbitrary to designate the one group as words modified by the other group, or vice versa.

The importance of this consideration for our purposes lies in the fact that it illustrates the lack of definiteness of the terms *stem* and *affix*. According to the ordinary terminology, affixes are elements attached to stems or words, and modifying them. This definition is perfectly acceptable as long as the number of modifying ideas is limited. When, however, the number of modifying elements becomes exceedingly large, we may well doubt which of the two is the modifier and which the modified, and the determination finally becomes entirely arbitrary. In the following discussions the attempt has been made to confine the terms *prefix*, *suffix*, and *affix* entirely to those cases where the number of ideas expressed by these elements is strictly limited. Wherever the number of combined elements becomes so large that they can not be properly classified, these terms have not been used, but the elements have been treated as co-ordinate.

2.4 Discussion of Grammatical Categories

From what has been said it appears that, in an objective discussion of languages, three points have to be considered: first, the constituent phonetic elements of the language; second, the groups of ideas expressed by phonetic groups; third, the methods of combining and modifying phonetic groups.

It seems desirable to discuss the second of these points somewhat more fully before taking up the description of the characteristics of American languages.

Grammarians who have studied the languages of Europe and western Asia have developed a system of categories which we are inclined to look for in every language. It seems desirable to show here in how far the system with which we are familiar is characteristic only of certain groups of languages, and in how far other systems may be substituted for it. It seems easiest to illustrate this matter by discussing first some of the characteristics of the Indo-European noun, pronoun, and verb, and then by taking up the wider aspects of this subject.

2.4.1 Nominal Categories

In the treatment of our noun we are accustomed to look for a number of fundamental categories. In most Indo-European languages, nouns are classified according to gender, they are modified by forms expressing singular and plural, and they also appear in syntactic combinations as cases. None of these apparently fundamental aspects of the noun are necessary elements of articulate speech.

GENDER

The history of the English language shows clearly that the gender of a noun may practically be suppressed without interfering with the clearness of expression. While we still find traces of gender in English, practically all inanimate objects have come to belong to one single gender. It is interesting to note that, in the languages of the world, gender is not by any means a fundamental category, and that nouns may not be divided into classes at all, or the point of view of classification may be an entirely different one. Thus the Bantu languages of Africa classify words into a great many distinct groups the significance of most of which is not by any means clear. The Algonquian of North America classify nouns as animate and inanimate, without, however, adhering strictly to the natural classification implied in these terms. Thus the small animals may be classified as inanimate, while certain plants may appear as animate. Some of the Siouan languages classify nouns by means of articles, and strict distinctions are made between animate moving and animate at rest, inanimate long, inanimate round, inanimate high, and inanimate collective objects. The Iroquois distinguish strictly between nouns designating men and other nouns. The latter may again be subdivided into a definite and indefinite group. The Uchee distinguish between members of the tribe and other human beings. In America, true gender is on the whole rare; it is found, perhaps, among a few of the languages of the lower Mississippi; it occurs in the same way as in most Indo-European languages in the Chinook of Columbia river, and to a more limited extent among some of the languages of the state of Washington and of British Columbia. Among North American languages, the Eskimo and Athapascan have no trace of a classification of nouns. The examples here given show clearly that the sex principle, which underlies the classification of nouns in European languages, is merely one of a great many possible classifications of this kind.

PLURAL

Of a somewhat different character is the plural of Indo-European nouns. Because, for the purpose of clear expression, each noun must be expressed either as a singular or as a plural, it might seem that this classification is almost indispensable; but it is not difficult to show, by means of sentences, that, even in English, the distinction is not always made. For instance, in the sentence *The wolf has devoured the sheep*, it is not clear whether a single sheep is meant, or a plurality of sheep are referred to. Nevertheless, this would not, on the whole, be felt as an inconvenience, since either the context would show whether singular or plural is meant, or an added adjective would give the desired information.

While, according to the structure of our European languages, we always tend to look for the expression of singularity or plurality for the sake of clearness of expression, there are other languages that are entirely indifferent towards this distinction. A good example of this kind is the Kwakiutl. It is entirely immaterial to the Kwakiutl whether he says, *There is a house* or *There are houses*. The same form is used for expressing both ideas, and the idea of singularity and plurality must be understood either by the context or by the addition of a special adjective. Similar conditions prevail in the Athapascan languages and in Haida. In Siouan, also, a distinction between singularity and plurality is made only in the case of animate objects. It would seem that, on the whole, American languages are rather indifferent in regard to the clear expression of plurality, but that they tend to express much more rigidly the ideas of collectivity or distribution. Thus the Kwakiutl, who are rather indifferent to the expression of plurality, are very particular in denoting whether the objects spoken of are distributed here or there. When this is the case, the distribution is carefully expressed. In the same way, when speaking of fish, they express by the same term a single fish and a quantity of fish. When, however, they desire to say that these fish belong to different species, a distributive form expressing this idea is made use of. A similar indifference to the idea of singular and plural may be observed in the pronouns of several languages, and will be noted later on.

On the other hand, the idea of number may be much more strongly emphasized than it is in the modern languages of Europe. The dual, as in Greek, is of common occurrence the world over; but it happens also that a trialis and paucalis—expressions for *three* and *a few*—are distinguished.

CASE

What is true of number is no less true of case. Psychologically, the substitution of prepositional expressions for cases would hardly represent a complete absence of the concept of cases. This is rather found in those languages in which the whole group of relations of the nouns of a sentence is expressed in the verb. When, for instance, in Chinook, we find expressions like *he her it with cut, man, woman, knife*, meaning *The man cut the woman with the knife*, we may safely say that the nouns themselves appear without any trace of case-relationship, merely as appositions to a number of pronouns. It is true that in this case a distinction is made in the pronoun between subject and object, and that, in this sense, cases are found, although not as nominal cases, but still as pronominal cases. The case-relation, however, is confined to the two forms of subject and object, since the oblique cases are expressed by pronominal objects, while the characteristic of each particular oblique relation is expressed by adverbial elements. In the same language, the genitive relation is eliminated by substituting for it possessive expressions, like, for instance, *the man, his house*, instead of *the man's house*. While, therefore, case-expressions are not entirely eliminated, their number, which in some European languages is considerable, may be largely reduced.

Thus we find that some of our nominal categories either do not occur at all, or occur only in very much reduced forms. On the other hand, we must recognize that other new categories may occur which are entirely foreign to our European languages. Classifications like those referred to before—such as animate and inanimate, or of nouns designating men, and other nouns; and, further, of nouns according to form—are rather foreign to us, although, in the connection of verb and noun, form-classifications occur. Thus we do not say, *a tree is somewhere*, but *a tree stands*; not, *the river is in New York*, but *the river flows through New York*.

TENSE

Tense classes of nouns are not rare in American languages. As we may speak of *a future husband* or of *our late friend*, thus many Indian languages express in every noun its existence in presence, past, or future, which they require as much for clearness of expression as we require the distinction of singular and plural.

2.4.2 Personal Pronouns

The same lack of conformity in the principles of classification may be found in the pronouns. We are accustomed to speak of three persons of the pronoun, which occur both in the singular and in the plural. Although we make a distinction of gender for the third person of the pronoun, we do not carry out this principle of classification consistently in the other persons. The first and second persons and the third person plural have the same form for masculine, feminine, and neuter. A more rigid application of the sex system is made, for instance, in the language of the Hottentots of South Africa, in which sex is distinguished, not only in the third person, but also in the first and second persons.

Logically, our three persons of the pronoun are based on the two concepts of self and not-self, the second of which is subdivided, according to the needs of speech, into the two concepts of person addressed and person spoken of. When, therefore, we speak of a first person plural, we mean logically either self and person addressed, or self and person or persons spoken of, or, finally, self, person or persons addressed, and person or persons spoken of. A true first person plural is impossible, because there can never be more than one self. This logical laxity is avoided by many languages, in which a sharp distinction is made between the two combinations self and person or persons spoken to, or self and person or persons spoken of. I do not know of any language expressing in a separate form the combination of the three persons, probably because this idea readily coalesces with the idea of self and persons spoken to. These two forms are generally designated by the rather inaccurate term of "inclusive" and "exclusive first person plural," by which is meant the first person plural, including or excluding the person addressed. The second and third persons form true plurals. Thus the principle of division of the pronouns is carried through in many languages more rigidly than we find it in the European group.

On the other hand, the lack of clear distinction between singular and plural may be observed also in the pronominal forms of a number of languages. Thus the Sioux do not know any pronominal distinction between the singular and plural of the second person, and only a very imperfect distinction between the third person singular and plural; while the first person singular and plural, according to the fundamental difference in their significance, are sharply distinguished. In some Siouan dialects we may well say that the pronominal object has only a first person singular, first person plural, and a second person, and that no other pronoun for the object occurs. Thus the system of pronouns may be reduced to a mere fragment of what we are accustomed to find.

2.4.3 Demonstrative Pronouns

In many cases, the analogy of the personal pronouns and of the demonstrative pronouns is rigid, the demonstrative pronoun having three persons in the same way as the personal pronoun. Thus the Kwakiutl will say, *the house near me* (this house), *the house near thee* (that house), *the house near him* (that house).

But other points of view are added to the principle of division corresponding to the personal pronoun. Thus, the Kwakiutl, and many other American languages, add to the pronominal concept just discussed that of visibility and invisibility, while the Chinook add the concepts of present and past. Perhaps the most exuberant development of the demonstrative idea is found among the Eskimo, where not only the ideas corresponding to the three personal pronouns occur, but also those of position in space in relation to the speaker,—which are specified in seven directions; as, center, above, below, in front, behind, right, left,—and expressing points of the compass in relation to the position of the speaker.

It must be borne in mind that the divisions which are mentioned here are all *necessary* parts of clear expression in the languages mentioned. For instance, in Kwakiutl it would be inconceivable to use an expression like our *that house*, which means in English *the single house away from the speaker*. The Kwakiutl must express this idea in one of the following six forms:

The (singular or plural) house visible near me

invisible near me

visible near thee

invisible near thee

visible near him

invisible near him

while the Eskimo would express a term like *this man* as

This man near me

near thee

near him

behind me

in front of me

to the right of me

to the left of me

above me

below me, etc.

2.4.4 Verbal Categories

We can follow out similar differences in the verb. In our Indo-European languages we have expressions signifying persons, tenses, moods, and voices. The ideas represented by these groups are quite unevenly developed in various languages. In a great many cases the forms expressing the persons are expressed simply by a combination of the personal pronoun and the verb; while in other cases the phonetic complexes expressing personal relations are developed in an astonishing manner. Thus the Algonquian and the Eskimo possess special phonetic groups expressing definite relations between the subject and object which occur in transitive verbs. For example, in sentences like *I strike thee*, or *They strike me*, the combination of the pronouns *I — thee*, and *they — me*, are expressed by special phonetic equivalents. There are even cases in which the indirect objects (as in the sentence, *I send him to you*) may be expressed by a single form. The characteristic trait of the forms here referred to is, that the combined pronoun can not be reduced to its constituent elements, although historically it may have originated from combinations of separate forms. It is obvious that in cases in which the development of the pronoun is as weak as in the Siouan languages, to which I have referred before, the definiteness of the pronominal forms of the verb, to which we are accustomed, is entirely lost. Thus it happens that in the Sioux the verb alone may be used as well for the more or less abstract idea of verbal action as for the third person of the indicative.

Much more fundamental are the existing differences in regard to the occurrence of tenses and modes. We are accustomed to verbal forms in which the tense is always expressed with perfect definiteness. In the sentence *The man is sick* we really express the idea, *The single definite man is sick at the present time*. This strict expression of the time relation of the occurrence is missing in many languages. The Eskimo, for instance, in expressing the same idea, will simply say, *single man sick*, leaving the question entirely open whether the man was sick at a previous time, is sick at the present time, or is going to be sick in the future. The condition here is similar to the one described before in relation to plurality. The Eskimo can, of course, express whether the man is sick at the present time, was sick, or is going to be sick, but the grammatical form of his sentences does not *require* the expression of the tense relation. In other cases the temporal ideas may be expressed with much greater nicety than we find in our familiar grammars. Generally, languages in which a multiplicity of tenses are found include in their form of expression certain modifications of the tense concept which might be called "semi-temporal," like inchoatives, which express the beginning of an action; duratives, which express the extent of time during which the action lasts; transitionals, which express the change of one state of being into another; etc. There is very little agreement in regard to the occurrence of such tenses, and the characteristics of many languages show that tenses are not by any means required for clear expression.

What is true of tenses is also true of modes. The number of languages which get along with a single mode, or at most with the indicative and imperative, is considerable; although, in this case also, the idea of subordination may be expressed if it seems desirable to do so.

The few examples that I have given here illustrate that many of the categories which we are inclined to consider as essential may be absent in foreign languages, and that other categories may occur as substitutes.

2.5 Interpretation of Grammatical Categories

When we consider for a moment what this implies, it will be recognized that in each language only a part of the complete concept that we have in mind is expressed, and that each language has a peculiar tendency to select this or that aspect of the mental image which is conveyed by the expression of the thought. To use again the example which I mentioned before, *The man is sick.* We express by this sentence, in English, the idea, *a definite single man at present sick.* In Kwakiutl this sentence would have to be rendered by an expression which would mean, in the vaguest possible form that could be given to it, *definite man near him invisible sick near him invisible.* Visibility and nearness to the first or second person might, of course, have been selected in our example in place of invisibility and nearness to the third person. An idiomatic expression of the sentence in this language would, however, be much more definite, and would require an expression somewhat like the following, *That invisible man lies sick on his back on the floor of the ahsent house.* In Eskimo, on the other hand, the same idea would be expressed by a form like *(single) man sick*, leaving place and time entirely indefinite. In Ponca, one of the Siouan dialects, the same idea would require a decision of the question whether the man is at rest or moving, and we might have a form like *the moving single man sick.* If we take into consideration further traits of idiomatic expression, this example might be further expanded by adding modalities of the verb; thus the Kwakiutl, whose language I have used several times as an example, would require a form indicating whether this is a new subject introduced in conversation or not; and, in case the speaker had not seen the sick person himself, he would have to express whether he knows by hearsay or by evidence that the person is sick, or whether he has dreamed it. It seems, however, better not to complicate our present discussion by taking into consideration the possibilities of exact expression that may be required in idiomatic forms of speech, but rather to consider only those parts of the sentence which, according to the morphology of the language, *must* be expressed.

We conclude from the examples here given that in a discussion of the characteristics of various languages different fundamental categories will be found, and that in a comparison of different languages it will be necessary to compare as well the phonetic characteristics as the characteristics of the vocabulary and those of the grammatical concepts in order to give each language its proper place.

3 CLASSIFICATION OF LANGUAGES

3.1 Origin of Dialects

In many cases the determination of the genetic relationship of languages is perfectly simple. Wherever we find close similarities in phonetics, in vocabularies, and in details of grammar, there can not be the slightest doubt that the languages that are being studied are varieties of the same ancestral form.

To a certain extent the differentiation of a single language into a number of dialects is spontaneous. When communication between peoples speaking the same tongue ceases, peculiarities of pronunciation will readily manifest themselves in one region or the other and may become permanent. In some cases these modifications of pronunciation may gradually increase and may become so radical that several quite different forms of the original language develop. At the same time words readily assume a new significance, and if the separation of the people should be accompanied by a differentiation of culture, these changes may proceed at a very rapid rate.

In cases of such phonetic changes and of modifications in the significance of words, a certain degree of regularity may always be observed, and for this reason the historical relationship between the new dialects and the older forms can always be readily established and may be compared to the modifications that take place in a series of generations of living beings.

Another form of modification may occur that is also analogous to biological transformations. We must recognize that the origin of language must not be looked for in human faculties that have once been active, but which have disappeared. As a matter of fact, new additions to linguistic devices and to linguistic material are constantly being made. Such spontaneous additions to a language may occur in one of the new dialects, while they do not occur in the other. These, although related to the structure of the older language, will be so entirely new in their character that they can not be directly related to the ancestral language.

It must also be considered that each of these dialects may incorporate new material. Nevertheless in all cases where the older material constitutes the bulk of the material of the language, its close relationship to the ancestral tongue will readily be recognized. In all these cases, phonetics, details of grammatical structure, and vocabulary will show far-reaching similarities.

3.2 Comparison of Distinct Languages

The problem becomes much more difficult when the similarities in any of these traits become less pronounced. With the extension of our knowledge of primitive languages, it has been found that cases are not rare in which languages spoken in certain continuous areas show radical differences in vocabulary and in grammatical form, but close similarity in their phonetic elements. In other cases the similarity of phonetic elements may be less pronounced, but there may exist a close similarity in structural details. Again, many investigators have pointed out peculiar analogies in certain words without being able to show that grammatical form and general phonetic character coincide. Many examples of such conditions may be given. In America, for instance, the phonetic similarity of the languages spoken between the coast of Oregon and Mount St. Elias is quite striking. All these languages are characterized by the occurrence of a great many peculiar *k* sounds and peculiar *l* sounds, and by their tendency towards great stress of articulation, and, in most cases, towards a clustering of consonants. Consequently to our ear these languages sound rough and harsh. Notwithstanding these similarities, the grammatical forms and the vocabularies are so utterly distinct that a common origin of the languages of this area seems entirely out of the question. A similar example may be given from South Africa, where the Bantu negroes, Bushmen, and Hottentots utilize some peculiar sounds which are produced by inspiration—by drawing in the breath, not by expelling it—and which are ordinarily called "clicks." Notwithstanding this very peculiar common trait in their languages, there is no similarity in grammar and hardly any in vocabulary.

We might also give the example of the Siouan and the

Iroquois languages of North America, two stocks that have been in proximity, and which are characterized by the occurrence of numerous nasalized vowels; or the phonetic characteristics of Californian languages, which sound to our ear euphonious, and are in strong contrast to the languages of the North Pacific coast.

It must be said that, on the whole, such phonetic characteristics of a limited area appear in their most pronounced form when we compare the whole region with the neighboring districts. They form a unit rather by contrast with foreign phonetics than when compared among themselves, each language having its own peculiar characteristics in a group of this kind. Thus, the Tlingit of the North Pacific coast differs very much from the Chinook of Columbia river. Nevertheless, when both languages are compared to a language of southern California, the Sioux or the Algonquian, traits that are common to both of them appear to quite a marked degree.

What is true of phonetics is also true of grammatical form, and this is evidently a characteristic trait of the languages of the whole world. In North America particularly such groups of languages can be readily recognized. A more detailed discussion of this problem will be given in another place, and it will be sufficient to state here, that languages—like, for instance, the Athapascan, Tlingit, and Haida—which are spoken in one continuous area on the northwest coast of our continent show certain common characteristics when compared with neighboring languages like the Eskimo, Algonquian, and Tsimshian. In a similar way, a number of Californian languages, or languages of southern British Columbia, and languages like the Pawnee and Iroquois, each form a group characterized by certain traits which are not found in other languages.

In cases where such morphological similarities occur without a corresponding similarity of vocabulary, it becomes exceedingly difficult to determine whether these languages may be considered as descendants of one parent language; and there are numerous cases in which our judgment must be suspended, because, on the one hand, these similarities are far-reaching, while, on the other hand, such radical differences are found that we can not account for them without assuming the introduction of an entirely foreign element.

Similar phenomena have recently induced P. W. Schmidt to consider the languages of Farther India and of Malaysia as related; and the same problem has been discussed by Lepsius, and again by Meinhoff, in reference to the relation of the languages of the

Hottentot to a number of east African languages and to the languages of the Hamitic peoples of North Africa.

Difficulties also arise in cases where a considerable number of similar words are found without a corresponding similarity of grammatical forms, so that we may be reluctant to combine two such languages, notwithstanding their similarities of vocabulary.

The comparison of vocabularies offers peculiar difficulties in American languages. Unfortunately, our knowledge of American languages is very limited, and in many cases we are confined to collections of a few hundred words, without any information in regard to grammatical forms. Owing to the strong tendency of many American languages to form compound words or derivatives of various kinds, it is very difficult in vocabularies of this kind to recognize the component elements of words, and often accidental similarities may obtrude themselves which a thorough knowledge of the languages would prove to be of no significance whatever.

Setting aside this practical difficulty, it may happen quite often that in neighboring languages the same term is used to designate the same object, owing, not to the relationship of the languages, but to the fact that the word may be a loan word in several of them. Since the vocabularies which are ordinarily collected embrace terms for objects found in most common use, it seems most likely that among these a number of loan words may occur.

Even when the available material is fuller and more thoroughly analyzed, doubt may arise regarding the significance of the apparent similarities of vocabulary.

3.3 Mutual Influences of Languages

In all these cases the final decision will depend upon the answer to the questions in how far distinct languages may influence one another, and in how far a language without being subject to foreign influences may deviate from the parental type. While it seems that the time has hardly come when it is possible to answer these questions in a definite manner, the evidence seems to be in favor of the existence of far-reaching influences of this kind.

3.3.1 Phonetic Influences

This is perhaps most clearly evident in the case of phonetics. It is hardly conceivable why languages spoken in continuous areas, and entirely distinct in vocabulary and in grammatical structure, should partake of the same phonetic characteristics, unless, by imitation, certain phonetic traits may be carried beyond a single linguistic stock. While I do not know that historical evidence of such occurrences has been definitely given, the phenomenon as it occurs in South Africa, among the Bantu and Hottentot, admits of hardly any other explanation. And the same is true, to a more or less pronounced extent, among other distinct but neighboring languages.

The possibility of such a transfer of sounds can not be denied. Among the American Indians, for instance—where intermarriages between individuals belonging to different tribes are frequent; where slave women raise their own and their masters' children; and where, owing to the small number of individuals constituting the tribe, individuals who have mastered several distinct languages are not by any means rare—ample opportunity is given for one language to exert its phonetic influence over another. Whether this explanation is adequate, is a question that remains to be decided by further historical studies.[1]

3.3.2 Grammatical Influences

Influence of the syntax of one language upon another, and even, to a certain extent, of the morphology of one language upon

[1] See also p.229.

another, is also probable. The study of the languages of Europe has proved clearly the deep influence exerted by Latin upon the syntax of all the modern European languages. We can also recognize how certain syntactic forms of expression occur in neighboring languages on our American continent. To give an instance of this kind, we find that, in the most diverse languages of the North Pacific coast, commands are given in the periphrastic form, *It would he good if you did so and so;* and in many cases this periphrastic form has been substituted entirely for the ordinary imperative. Thus it may well be that groups of psychological concepts which are expressed by means of grammatical forms have developed in one language under the influence of another; and it is difficult to say, if we once admit such influence, where the limit may be to the modifications caused by such processes.

On the other hand, it seems exceedingly difficult to understand why the most fundamental morphological traits of a language should disappear under the influence of another form of thought as exhibited in another language. This would mean that the greater number of grammatical forms would disappear, and entirely new categories develop. It certainly can not be denied that far-reaching modifications of this kind are possible, but it will require the most cautious proof in every single case before their existence can be accepted.

Cases of the introduction of new suffixes in European languages are not by any means rare. Thus, the ending *-able* of French words has been adopted so frequently into English that the ending itself has attained a certain independence, and we can form words like *eatable*, or even *get-at-able*, in which the ending, which was originally French, is added to an English word. In a similar way the French verbal ending *-ir*, combined with the German infinitive ending in *-en*, is used in a large number of German words as though it were a purely German ending. I do not know, however, of any observations which would point to a radical modification of the morphological traits of a language through the influence of another language.

3.3.3 Lexicographic Influences

While the phonetic influence of distinct languages upon one another and the modification of morphological traits in different languages are still obscure, the borrowing of words is very common, and sometimes reaches to an enormous extent. The vocabulary of English is an excellent example of such extensive amalgamation of the vocabularies of quite distinct languages, and the manner by which it has been attained is instructive. It is not only that Anglo-Saxon adopted large parts of the vocabulary of the Norman conquerors, that it took over a few terms of the older Celtic language, and adopted some words from the Norse invaders; but we find also, later, introductions from Latin and Greek, which were introduced through the progress of the arts and sciences, and which filtered down from the educated to the uneducated classes. Furthermore, numerous terms were adopted from the less civilized peoples with whom the English-speaking people came into contact in different parts of the world. Thus, the Australian and the Indian-English have each adopted a great many native terms, quite a number of which have found their way into colloquial and written modern English. This phenomenon is so common, and the processes by which new words enter into a language are so obvious, that a full discussion is not required. Another example that may be mentioned here is that of the Turkish language, which has adopted a very large number of Arab words.

In such a transfer of the vocabulary of one language into another, words undergo, of course, far-reaching changes. These may be partly due to phonetic difficulties, and consist in the adaptation of an unfamiliar group of sounds to the familiar similar sounds of the language by which the word has been adopted. There may be assimilations by which the grammatical form of a word is made similar to more familiar forms. Furthermore, changes in the significance of the word are common, and new derivations may be formed from the word after it has once become entirely familiar, like other native words.

In this respect a number of American languages seem to behave curiously when compared with European languages. Borrowing of words in Europe is particularly common when a new object is first introduced. In almost all these cases the foreign designation is taken over with more or less fundamental phonetic modifications. Examples of this kind are the words *tobacco, canoe, maize, chocolate*—to take as illustration a few words borrowed from American languages. American natives, on the other hand, do not commonly adopt words in this manner, but much more frequently invent descriptive words by which the new object is designated.

Thus the Tsimshian of British Columbia designate rice by a term meaning *looking like maggots*. The Kwakiutl call a steamboat *fire on its back moving on the water*. The Eskimo call cut tobacco *being blown upon*. Words of this type are in wide use; nevertheless, loan words taken from English are not by any means rare. The terms *biscuit, dollar, coffee, tea*, are found in a great many Indian languages. The probable reason why descriptive words are more common in American languages than in European languages lies in the frequent occurrence of descriptive nouns.

We find, therefore, that there are two sets of phenomena which must be considered in the classification of languages: (1) differences which can easily be proved to be derived from modifications of a single ancestral language; and (2) similarities which can not be thus explained, and some of which may be due to the effects of mixture.

3.4 Origin of Similarities; by Dissemination or by Parallel Development

Before we proceed with this consideration, we have to discuss the two logical possibilities for such similarities. Either they may be due to dissemination from a common source, so that they originated only a single time, and were diffused by the influence of one people upon another; or it may be that they are due to an independent origin in many parts of the world.

This alternative is present in the explanation of all ethnic phenomena, and is one of the fundamental questions in regard to which the ethnologist, as well as the investigator of languages, must be clear. In the older considerations of the position of the American race among the races of man, for instance, it has always been assumed that occurrence of similar phenomena among the peoples of the Old World and of the New proved genetic relationship. It is obvious that this method of proving relationship assumes that, wherever similarities occur, they must have been carried by the same people over different parts of the world, and that therefore they may be considered as proof of common descent. The method thus applied does not take into consideration the possibility of a gradual diffusion of cultural elements from one people to another, and the other more fundamental one of a parallel but independent development of similar phenomena among different races in remote parts of the world. Since such development is a logical possibility, proofs of genetic relationship must not be based on the occurrence of sporadic resemblances alone.

A final decision of this vexed problem can be given only by historical evidence, which is hardly ever available, and for this reason the systematic treatment of the question must always proceed with the greatest caution.

The cases in which isolated similarities of ethnic phenomena in remote parts of the world have been recorded are numerous, and many of these are of such a character that transmission cannot be proved at all. If, for instance, the Indians of South America use sacred musical instruments, which must not be seen by women, and if apparently the same custom prevails among the Australian aborigines, it is inadmissible to assume the occurrence of what seems to be the same custom in these two remote districts as due to transmission. It is perfectly intelligible that the custom may have developed independently in each continent. On the other hand, there are many cases in which certain peculiar and complex customs are distributed over large continuous areas, and where transmission over large portions of this area is plausible. In this case, even if independent origin had taken place in different parts of the district in question, the present distribution is fully explained by the assumption of extended dissemination.

It is true, for instance, in the case of similar traditions which are found distributed over large districts. An example of this is the story of two girls who noticed two stars, a bright one and a small one, and wished these stars for their husbands. The following morning they found themselves in the sky, married to the stars, and later on tried to return to the earth by letting themselves down through a hole in the sky. This rather complex tale is found distributed over the American continent in an area extending from Nova Scotia to the mouth of the Mississippi river and westward to the Rocky mountains, and in places even on the Pacific ocean, for instance, in Alaska and in the state of Washington. It would seem difficult to assume, in a case of this kind, the possibility of an independent invention of the tale at a number of distinct points; but it must be assumed that, after the tale had once attained its present form, it spread by dissemination over that part of the continent where it is now found.

In extreme cases the conclusions drawn from these two types of explanation seem quite unassailable; but there are naturally a very large number of others in which the phenomenon in question is neither sufficiently complex, nor distributed over a sufficiently large continuous area, to lead with certainty to the conclusion of an origin by dissemination; and there are others where the sporadic distributions seem curiously arranged, and where vague possibilities of contact occur. Thus it happens often that a satisfactory conclusion cannot be reached.

We must also bear in mind that in many cases a continuous distribution may once have existed, but may have become discontinuous, owing to the disappearance of the phenomena in question in intermediate regions. If, however, we want to follow a safe method, we must not admit such causes for sporadic distribution, unless they can be definitely proved by other evidence; otherwise, the way is open to attempts to bring into contact practically every part of the world with all others.

The general occurrence of similar ethnic phenomena in remote parts of the world admits also of the explanation of the existence of a certain number of customs and habits that were common to large parts of mankind at a very early period, and which have maintained themselves here and there up to the present time. It can not be denied that this point of view has certain elements in its favor; but in the present state of our knowledge we can hardly say that it would be possible to prove or to disprove it.

We meet the same fundamental problem in connection with similarities of languages which are too vague to be considered as proofs of genetic relationship. That these exist is obvious. Here we have not only the common characteristics of all human language, which have been discussed in the preceding chapter, but also certain other similarities which must here be considered.

3.5 Influence of Environment on Language

It has often been suggested that similarities of neighboring languages and customs may be explained by the influence of environment. The leading thought in this theory is, that the human mind, under the stress of similar conditions, will produce the same results; that consequently, if the members of the same race live in the same surroundings, they will produce, for instance, in their articulate speech, the same kind of phonetics, differing perhaps in detail according to the variations of environment, but the same in their essential traits. Thus it has been claimed that the moist and stormy climate of the North Pacific coast caused a chronic catarrhal condition among the inhabitants, and that to this condition is due the guttural pronunciation, and harshness of their languages; while, on the other hand, the mildness of the California climate has been made responsible for the euphonious character of the languages of that district.

I do not believe that detailed investigations in any part of the world would sustain this theory. We might demand proof that the same language, when distributed over different climates, should produce the same kind of modifications as those here exemplified; and we might further demand that, wherever similar climates are found, at least a certain approach to similarity in the phonetics of the languages should occur. It would be difficult to prove that this is the case, even if we should admit the excuse that modifying influences have obscured the original similarity of phonetic character. Taking, for instance, the arctic people of the Old and New Worlds as a unit, we find fundamentally different traits in the phonetics of the Eskimo, of the Chukchee of eastern Siberia, and of other arctic Asiatic and European peoples. The phonetics of the deserts of Asia and South Africa and of southwestern North America are not by any means the same. The prairie tribes of North America, although living in nearly the same climate, over a considerable area, show remarkable differences in the phonetics of their languages; and, on the other hand, the tribes belonging to the Salish family who live east of the Rocky mountains, in the interior of British Columbia, speak a language that is not less harsh than that of their congeners on the northern coast of the state of Washington. In any attempt at arranging phonetics in accordance with climate, the discrepancies would be so numerous, that an attempt to carry out the theory would lead to the necessity of explaining exceptions rather than examples corroborating its correctness.

What is true in regard to phonetics is no less true in regard to morphology and vocabulary. I do not think that it has ever been claimed that similar words must necessarily originate under the stress of the same conditions, although, if we admit the correctness of the principle, there is no reason for making an exception in regard to the vocabulary.

I think this theory can be sustained even less in the field of linguistics than in the field of ethnology. It is certainly true that each people accommodates itself to a certain extent to its surroundings, and that it even may make the best possible use of its surroundings in accordance with the fundamental traits of its culture, but I do not believe that in any single case it will be possible to explain the culture of a people as due to the influence of its surroundings. It is self-evident that the Eskimo of northern arctic America do not make extended use of wood, a substance which is very rare in those parts of the world, and that the Indians of the woodlands of Brazil are not familiar with the uses to which snow may be put. We may even go further, and acknowledge that, after the usefulness of certain substances, plants, and animals—like bamboo in the tropics, or the cedar on the North Pacific coast of America, or ivory in the arctic regions, or the buffalo on the plains of North America—has once been recognized, they will find the most extended use, and that numerous inventions will be made to expand their usefulness. We may also recognize that the distribution of the produce of a country, the difficulties and ease of travel, the necessity of reaching certain points, may deeply influence the habits of the people. But with all this, to geographical conditions cannot be ascribed more than a modifying influence upon the fundamental traits of culture. If this were not true, the peculiar facts of distribution of inventions, of beliefs, of habits, and of other ethnological phenomena, would be unintelligible.

For instance, the use of the underground house is distributed, in America and Asia, over the northern parts of the plateaus to parts of the Great Plains, northward into the arctic region; and crossing Bering strait we find it in use along the Pacific coast of Asia and as far south as northern Japan, not to speak of the subterranean dwellings of Europe and North Africa. The climate of this district shows very considerable differences, and the climatic necessity for underground habitations does not exist by any means in many parts of the area where they occur.

In a similar area we find the custom of increasing the elasticity of the bow by overlaying it with sinew. While this procedure may be quite necessary in the arctic regions, where no elastic wood is available, it is certainly not necessary in the more southern parts of the Rocky mountains, or along the east coast of Asia, where a great many varieties of strong elastic wood are available. Nevertheless the usefulness of the invention seems to have led to its general application over an extended district.

We might also give numerous examples which would illustrate

that the adaptation of a people to their surroundings is not by any means perfect. How, for instance, can we explain the fact that the Eskimo, notwithstanding their inventiveness, have never thought of domesticating the caribou, while the Chukchee have acquired large reindeer-herds? Why, on the other hand, should the Chukchee, who are compelled to travel about with their reindeer-herds, use a tent which is so cumbersome that a train of many sledges is required to move it, while the Eskimo have reduced the frame of their tents to such a degree that a single sledge can be used for conveying it from place to place?

Other examples of a similar kind are the difference in the habitations of the arctic Athapascan tribes and those of the Eskimo. Notwithstanding the rigor of the climate, the former live in light skin tents, while the Eskimo have succeeded in protecting themselves efficiently against the gales and the snows of winter.

What actually seems to take place in the movements of peoples is, that a people who settle in a new environment will first of all cling to their old habits and only modify them as much as is absolutely necessary in order to live fairly comfortably, the comfort of life being generally of secondary importance to the inertia or conservatism which prevents a people from changing their settled habits, that have become customary to such an extent that they are more or less automatic, and that a change would be felt as something decidedly unusual.

Even when a people remain located in the same place, it would seem that historical influences are much stronger than geographical influences. I am inclined, for instance, to explain in this manner the differences between the cultures of the tribes of arctic Asia and of arctic America, and the difference in the habits of the tribes of the southern plateaus of North America when compared with those of the northern plateaus of North America. In the southern regions the influence of the Pueblos has made itself felt, while farther to the north the simpler culture of the Mackenzie basin gives the essential tone to the culture of the people.

While fully acknowledging the importance of geographical conditions upon life, I do not believe that they can be given a place at all comparable to that of culture as handed down, and to that of the historical influence exerted by the cultures of surrounding tribes; and it seems likely that the less direct the influence of the surroundings is, the less also can it be used for accounting for peculiar ethnological traits.

So far as language is concerned, the influence of geographical surroundings and of climate seems to be exceedingly remote; and as long as we are not even able to prove that the whole organism of man, and with it the articulating organs, are directly influenced by geographical environment, I do not think we are justified in considering this element as an essential trait in the formation or modification of human speech, much less as a cause which can be used to account for the similarities of human speech in neighboring areas.

3.6 Influence of Common Psychic Traits

Equally uncertain seems to be the resort to the assumption of peculiar psychic traits that are common to geographical divisions of the same race. It may be claimed, for instance, that the languages of the Athapascan, Tlingit, and Haida, which were referred to before as similar in certain fundamental morphological traits, are alike, for the reason that these three peoples have certain psychical traits in common which are not shared in by other American tribes.

It seems certainly admissible to assume slight differences in the psychical make-up among groups of a race which are different in regard to their physical type. If we can prove by means of anatomical investigations that the bodily form, and with it the nervous system and the brain of one part of a race show differences from the analogous traits of another part of the race, it seems justifiable to conclude that the physical differentiation may be accompanied by psychic differences. It must, however, be borne in mind that the extent of physical difference is always exceedingly slight, and that, within the limits of each geographical type, variations are found which are great as compared to the total differences between the averages of the types. To use a diagram:

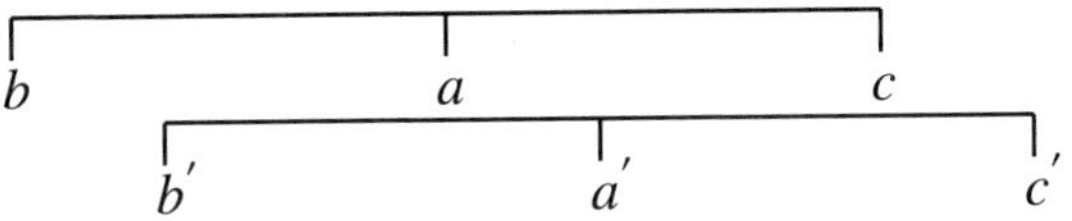

If *a* represents the middle point of one type and *b* and *c* its extremes, a' the average of another type and b' and c' its extremes, and if these types are so placed, one over the other, that types in the second series correspond to those in the first series vertically over them, then it will be seen that the bulk of the population of the two types will very well coincide, while only the extremes will be more frequent in the one group than in the other. That is to say, the physical difference is not a difference in kind, but a difference more or less in degree, and a considerable overlapping of the types necessarily takes place.

If this is true in regard to the physical type, and if, furthermore, the difference in psychical types is inferred only from the observed differences of the physical types, then we must assume that the same kind of overlapping will take place in the psychical types. The differences with which we are dealing can, therefore, be only very slight, and it seems hardly likely that these slight differences could lead to radically diverse results.

As a matter of fact, the proof which has been given before,[①] that the same languages may be spoken by entirely distinct types, shows clearly how slight the effect of difference in anatomical type upon language is at the present time, and there is no reason to presume that it has ever been greater. Viewing the matter from this standpoint, the hereditary mental differences of various groups of mankind, particularly within the same race, seem to be so slight that it would be very difficult to believe that they account in any way for

[①] See p.141.

the fundamental differences in the traits of distinct languages.

3.7 Uncertainty of Definition of Linguistic Families

The problem thus remains unsolved how to interpret the similarities of distinct languages in cases where the similarities are no longer sufficient to prove genetic relationship. From what has been said we may conclude that, even in languages which can easily be proved to be genetically related, independent elements may be found in various divisions. Such independent elements may be due partly to new tendencies which develop in one or the other of the dialects, or to foreign influence. It is quite conceivable that such new tendencies and foreign influences may attain such importance that the new language may still be considered as historically related to the ancestral family, but that its deviations, due to elements that are not found in the ancestral language, have become so important that it can no longer be considered as a branch of the older family.

Thus it will be seen that the concept of a linguistic family can not be sharply defined; that even among the dialects of one linguistic family, more or less foreign material may be present, and that in this sense the languages, as has been pointed out by Paul,[①] are not, in the strict sense of the term, descendants of a single ancestral family.

Thus the whole problem of the final classification of languages in linguistic families that are without doubt related, seems destined to remain open until our knowledge of the processes by which distinct languages are developed shall have become much more thorough than it is at the present time. Under these circumstances we must confine ourselves to classifying American languages in those linguistic families for which we can give a proof of relationship that can not possibly be challenged. Beyond this point we can do no more than give certain definite classifications in which the traits common to certain groups of languages are pointed out, while the decision as to the significance of these common traits must be left to later times.

[①] Paul, Principien der Sprachgeschichte.

4 LINGUISTICS AND ETHNOLOGY

It seems desirable to say a few words on the function of linguistic researches in the study of the ethnography of the Indians.

4.1 Practical Need of Linguistic Studies for Ethnological Purposes

First of all, the purely practical aspect of this question may be considered. Ordinarily, the investigator who visits an Indian tribe is not able to converse with the natives themselves and to obtain his information first-hand, but he is obliged to rely more or less on data transmitted by interpreters, or at least by the help of interpreters. He may ask his question through an interpreter, and receive again through his mouth the answer given by the Indians. It is obvious that this is an unsatisfactory method, even when the interpreters are good; but, as a rule, the available men are either not sufficiently familiar with the English language, or they are so entirely out of sympathy with the Indian point of view, and understand the need of accuracy on the part of the investigator so little, that information furnished by them can be used only with a considerable degree of caution. At the present time it is possible to get along in many parts of America without interpreters, by means of the trade-jargons that have developed everywhere in the intercourse between the whites and the Indians. These, however, are also a very unsatisfactory means of inquiring into the customs of the natives, because, in some cases, the vocabulary of the trade-languages is extremely limited, and it is almost impossible to convey information relating to the religious and philosophic ideas or to the higher aspects of native art, all of which play so important a part in Indian life. Another difficulty which often develops whenever the investigator works with a particularly intelligent interpreter is, that the interpreter imbibes too readily the views of the investigator, and that his information, for this reason, is strongly biased, because he is not so well able to withstand the influence of formative theories as the trained investigator ought to be. Anyone who has carried on work with intelligent Indians will recall instances of this kind, where the interpreter may have formulated a theory based on the questions that have been put through him, and has interpreted his answers under the guidance of his preconceived notions. All this is so obvious that it hardly requires a full discussion. Our needs become particularly apparent when we compare the methods that we expect from any investigator of cultures of the Old World with those of the ethnologist who is studying primitive tribes. Nobody would expect authoritative accounts of the civilization of China or of Japan from a man who does not speak the languages readily, and who has not mastered their literatures. The student of antiquity is expected to have a thorough mastery of the ancient languages. A student of Mohammedan life in Arabia or Turkey would hardly be considered a serious investigator if all his knowledge had to be derived from second-hand accounts. The ethnologist, on the other hand, undertakes in the majority of cases to elucidate the innermost thoughts and feelings of a people without so much as a smattering of knowledge of their language.

It is true that the American ethnologist is confronted with a serious practical difficulty, for, in the present state of American society, by far the greater number of customs and practices have gone out of existence, and the investigator is compelled to rely upon accounts of customs of former times recorded from the mouths of the old generation who, when young, still took part in these performances. Added to this he is confronted with the difficulty that the number of trained investigators is very small, and the number of American languages that are mutually unintelligible exceedingly large, probably exceeding three hundred in number. Our investigating ethnologists are also denied opportunity to spend long continuous periods with any particular tribe, so that the practical difficulties in the way of acquiring languages are almost insuperable. Nevertheless, we must insist that a command of the language is an indispensable means of obtaining accurate and thorough knowledge, because much information can be gained by listening to conversations of the natives and by taking part in their daily life, which, to the observer who has no command of the language, will remain entirely inaccessible.

It must be admitted that this ideal aim is, under present conditions, entirely beyond our reach. It is, however, quite possible for the ethnographer to obtain a theoretical knowledge of native languages that will enable him to collect at least part of the information that could be best obtained by a practical knowledge of the language. Fortunately, the Indian is easily misled, by the ability of the observer to read his language, into thinking that he is also able to understand what he reads. Thus, in taking down tales or other records in the native language, and reading them to the Indians, the Indian always believes that the reader also understands what he pronounces, because it is quite inconceivable to him that a person can freely utter the sentences in his language without clearly grasping their meaning. This fact facilitates the initial stages of ethnographic information in the native languages, because, on the whole, the northern Indians are eager to be put on record in regard to questions that are of supreme interest to them. If the observer is capable of grasping by a rapid analysis the significance of what is dictated to him, even without being able to express himself freely in the native language, he is in a position to obtain much information that otherwise would be entirely unobtainable. Although this is wholly a makeshift, still it puts the observer in an infinitely better position than that in which he would be without any knowledge whatever of the language. First of all, he can get the information from the Indians first-hand, without employing an interpreter, who may mislead him. Furthermore, the range of subjects on which he can get information is considerably increased, because the limitations of the linguistic knowledge of the interpreter, or those of the trade-language, are eliminated. It would seem, therefore, that under present conditions we are more or less compelled to rely upon an extended series of texts as the safest means of obtaining information from the Indians. A general review of our ethnographic literature shows clearly how much better is the information obtained by observers who have command of the language, and who are on terms of intimate friendship with the natives, than that obtained through the medium of interpreters.

The best material we possess is perhaps contained in the naïve outpourings of the Eskimo, which they write and print themselves, and distribute as a newspaper, intended to inform the people of all the events that are of interest. These used to contain much mythological matter and much that related to the mode of life of the people. Other material of similar character is furnished by the large text collections of the Ponca, published by the late James Owen Dorsey; although many of these are influenced by the changed conditions under which the people now live. Some older records on the Iroquois, written by prominent members of the tribe, also deserve attention; and among the most recent literature the descriptions of the Sauk and Fox by Dr. William Jones are remarkable on account of the thorough understanding that the author has reached, owing to his mastery of the language. Similar in character, although rendered entirely in English, are the observations of Mr. James Teit on the Thompson Indians.

In some cases it has been possible to interest educated natives in the study of their own tribes and to induce them to write down in their own language their observations. These, also, are much superior to English records, in which the natives are generally hampered by the lack of mastery of the foreign language.

While in all these cases a collector thoroughly familiar with the Indian language and with English might give us the results of his studies without using the native language in his publications, this is quite indispensable when we try to investigate the deeper problems of ethnology. A few examples will show clearly what is meant. When the question arises, for instance, of investigating the poetry of the Indians, no translation can possibly be considered as an adequate substitute for the original. The form of rhythm, the treatment of the language, the adjustment of text to music, the imagery, the use of metaphors, and all the numerous problems involved in any thorough investigation of the style of poetry, can be interpreted only by the investigator who has equal command of the ethnographical traits of the tribe and of their language. The same is true in the investigation of rituals, with their set, more or less poetic phrases, or in the investigation of prayers and incantations. The oratory of the Indians, a subject that has received much attention by ethnologists, is not adequately known, because only a very few speeches have been handed down in the original. Here, also, an accurate investigation of the method of composition and of the devices used to reach oratorical effect, requires the preservation of speeches as rendered in the original language.

There are also numerous other features of the life of the Indians which can not be adequately presented without linguistic investigation. To these belong, for instance, the discussion of personal, tribal, and local names. The translations of Indian names which are popularly known—like Sitting-Bull, Afraid-Of-His-Horse, etc.—indicate that names possess a deeper significance. The translations, however, are so difficult that a thorough linguistic knowledge is required in order to explain the significance adequately.

In all the subjects mentioned heretofore, a knowledge of Indian languages serves as an important adjunct to a full understanding of the customs and beliefs of the people whom we are studying. But in all these cases the service which language lends us is first of all a practical one—a means to a clearer understanding of ethnological phenomena which in themselves have nothing to do with linguistic problems.

4.2 Theoretical Importance of Linguistic Studies

4.2.1 Language a Part of Ethnological Phenomena in General

It seems, however, that a theoretical study of Indian languages is not less important than a practical knowledge of them; that the purely linguistic inquiry is part and parcel of a thorough investigation of the psychology of the peoples of the world. If ethnology is understood as the science dealing with the mental phenomena of the life of the peoples of the world, human language, one of the most important manifestations of mental life, would seem to belong naturally to the field of work of ethnology, unless special reasons can be adduced why it should not be so considered. It is true that a practical reason of this kind exists, namely, the specialization which has taken place in the methods of philological research, which has progressed to such an extent that philology and comparative linguistics are sciences which require the utmost attention, and do not allow the student to devote much of his time to other fields that require different methods of study. This, however, is no reason for believing that the results of linguistic inquiry are unimportant to the ethnologist. There are other fields of ethnological investigation which have come to be more or less specialized, and which require for their successful treatment peculiar specialization. This is true, for instance, of the study of primitive music, of primitive art, and, to a certain extent, of primitive law. Nevertheless, these subjects continue to form an important part of ethnological science.

If the phenomena of human speech seem to form in a way a subject by itself, this is perhaps largely due to the fact that the laws of language remain entirely unknown to the speakers, that linguistic phenomena never rise into the consciousness of primitive man, while all other ethnological phenomena are more or less clearly subjects of conscious thought.

The question of the relation of linguistic phenomena to ethnological phenomena, in the narrower sense of the term, deserves, therefore, special discussion.

4.2.2 Language and Thought

First of all, it may be well to discuss the relation between language and thought. It has been claimed that the conciseness and clearness of thought of a people depend to a great extent upon their language. The ease with which in our modern European languages we express wide abstract ideas by a single term, and the facility with which wide generalizations are cast into the frame of a simple sentence, have been claimed to be one of the fundamental conditions of the clearness of our concepts, the logical force of our thought, and the precision with which we eliminate in our thoughts irrelevant details. Apparently this view has much in its favor. When we compare modern English with some of those Indian languages which are most concrete in their formative expression, the contrast is striking. When we say *The eye is the organ of sight*, the Indian may not be able to form the expression *the eye*, but may have to define that the eye of a person or of an animal is meant. Neither may the Indian be able to generalize readily the abstract idea of an eye as the representative of the whole class of objects, but may have to specialize by an expression like *this eye here*. Neither may he be able to express by a single term the idea of *organ*, but may have to specify it by an expression like *instrument of seeing*, so that the whole sentence might assume a form like *An indefinite person's eye is his means of seeing*. Still, it will be recognized that in this more specific form the general idea may be well expressed. It seems very questionable in how far the restriction of the use of certain grammatical forms can really be conceived as a hindrance in the formulation of generalized ideas. It seems much more likely that the lack of these forms is due to the lack of their need. Primitive man, when conversing with his fellowman, is not in the habit of discussing abstract ideas. His interests center around the occupations of his daily life; and where philosophic problems are touched upon, they appear either in relation to definite individuals or in the more or less anthropomorphic forms of religious beliefs. Discourses on qualities without connection with the object to which the qualities belong, or of activities or states disconnected from the idea of the actor or the subject being in a certain state, will hardly occur in primitive speech. Thus the Indian will not speak of goodness as such, although he may very well speak of the goodness of a person. He will not speak of a state of bliss apart from the person who is in such a state. He will not refer to the power of seeing without designating an individual who has such power. Thus it happens that in languages in which the idea of possession is expressed by elements subordinated to nouns, all abstract terms appear always with possessive elements. It is, however, perfectly conceivable that an Indian trained in philosophic thought would proceed to free the underlying nominal forms from the possessive elements, and thus reach abstract forms strictly corresponding to the abstract forms of our modern languages. I have made this experiment, for instance, with the Kwakiutl language of Vancouver Island, in which no abstract term ever occurs without its possessive elements. After some discussion, I found it perfectly easy to develop the idea of the abstract term in the mind of the Indian, who will state that the word without a possessive pronoun gives a sense, although it is not used idiomatically. I succeeded, for instance, in this manner, in isolating the terms for *love* and *pity*, which ordinarily occur only in possessive forms, like *his love for him* or *my pity for you*. That this view is correct may also be observed in languages in which possessive elements appear as independent forms, as, for instance, in the Siouan languages. In these, pure abstract terms are quite common.

There is also evidence that other specializing elements, which are so characteristic of many Indian languages, may be dispensed with when, for one reason or another, it seems desirable to generalize a term. To use the example of the Kwakiutl language, the idea *to be seated* is almost always expressed with an inseparable suffix expressing the place in which a person is seated, as *seated on the floor of the house, on the ground, on the beach, on a pile of things*, or *on a round thing*, etc. When, however, for some reason, the idea of the state of sitting is to be emphasized, a form may be used which expresses simply *being in a sitting posture*. In this case, also, the device for generalized expression is present, but the opportunity for its application arises seldom, or perhaps never. I think what is true in these cases is true of the structure of every single language. The fact that generalized forms of expression are not used does not prove inability to form them, but it merely proves that the mode of life of the people is such that they are not required; that they would, however, develop just as soon as needed.

This point of view is also corroborated by a study of the numeral systems of primitive languages. As is well known, many languages exist in which the numerals do not exceed two or three. It has been inferred from this that the people speaking these languages are not capable of forming the concept of higher numbers. I think this interpretation of the existing conditions is quite erroneous. People like the South American Indians (among whom these defective numeral systems are found), or like the Eskimo (whose old system of numbers probably did not exceed ten), are presumably not in need of higher numerical expressions, because there are not many objects that they have to count. On the other hand, just as soon as these same people find themselves in contact with civilization, and when they acquire standards of value that have to be counted, they adopt with perfect ease higher numerals from other languages and develop a more or less perfect system of counting. This does not mean that every individual who in the course of his life has never made use of higher numerals would acquire more complex systems readily, but the tribe as a whole seems always to be capable of adjusting itself to the needs of counting. It must be borne in mind that counting does not become necessary until objects are considered in such generalized form that their individualities are entirely lost sight of. For this reason it is possible that even a person who has a flock of domesticated animals may know them by name and by their characteristics without ever desiring to count them. Members of a war expedition may be known by name and may not be counted. In short, there is no proof that the lack of the use of numerals is in any way connected with the inability to form the concepts of higher numbers.

If we want to form a correct judgment of the influence that language exerts over thought, we ought to bear in mind that our European languages as found at the present time have been moulded to a great extent by the abstract thought of philosophers. Terms like *essence* and *existence*, many of which are now commonly used, are by origin artificial devices for expressing the results of abstract thought. In this they would resemble the artificial, unidiomatic abstract terms that may be formed in primitive languages.

Thus it would seem that the obstacles to generalized thought inherent in the form of a language are of minor importance only, and that presumably the language alone would not prevent a people from advancing to more generalized forms of thinking if the general state of their culture should require expression of such thought; that under these conditions the language would be moulded rather by the cultural state. It does not seem likely, therefore, that there is any direct relation between the culture of a tribe and the language they speak, except in so far as the form of the language will be moulded by the state of culture, but not in so far as a certain state of culture is conditioned by morphological traits of the language.

4.2.3 Unconscious Character of Linguistic Phenomena

Of greater positive importance is the question of the relation of the unconscious character of linguistic phenomena to the more conscious ethnological phenomena. It seems to my mind that this contrast is only apparent, and that the very fact of the unconsciousness of linguistic processes helps us to gain a clearer understanding of the ethnological phenomena, a point the importance of which can not be underrated. It has been mentioned before that in all languages certain classifications of concepts occur. To mention only a few: we find objects classified according to sex, or as animate and inanimate, or according to form. We find actions determined according to time and place, etc. The behavior of primitive man makes it perfectly clear that all these concepts, although they are in constant use, have never risen into consciousness, and that consequently their origin must be sought, not in rational, but in entirely unconscious, we may perhaps say instinctive, processes of the mind. They must be due to a grouping of sense-impressions and of concepts which is not in any sense of the term voluntary, but which develops from quite different psychological causes. It would seem that the essential difference between linguistic phenomena and other ethnological phenomena is, that the linguistic classifications never rise into consciousness, while in other ethnological phenomena, although the same unconscious origin prevails, these often rise into consciousness, and thus give rise to secondary reasoning and to re-interpretations. It would, for instance, seem very plausible that the fundamental religious notions—like the idea of the voluntary power of inanimate objects, or of the anthropomorphic character of animals, or of the existence of powers that are superior to the mental and physical powers of man—are in their origin just as little conscious as are the fundamental ideas of language. While, however, the use of language is so automatic that the opportunity never arises for the fundamental notions to emerge into consciousness, this happens very frequently in all phenomena relating to religion. It would seem that there is no tribe in the world in which the religious activities have not come to be a subject of thought. While the religious activities may have been performed before the reason for performing them had become a subject of thought, they attained at an early time such importance that man asked himself the reason why he performed these actions. With this moment speculation in regard to religous activities arose, and the whole series of secondary explanations which form so vast a field of ethnological phenomena came into existence.

It is difficult to give a definite proof of the unconscious origin of ethnic phenomena, because so many of them are, or have come to be, subjects of thought. The best evidence that can be given for their unconscious origin must be taken from our own experience, and I think it is not difficult to show that certain groups of our activities, whatever the history of their earlier development may have been, develop at present in each individual and in the whole people entirely sub-consciously, and nevertheless are most potent in the formation of our opinions and actions. Simple examples of this kind are actions which we consider as proper and improper, and which may be found in great numbers in what we call good manners. Thus table manners, which on the whole are impressed vigorously upon the child while it is still young, have a very fixed form. Smacking of the lips and bringing the plate up to the mouth would not be tolerated, although no esthetic or other reason could be given for their rigid exclusion; and it is instructive to know that among a tribe like the Omaha it is considered as bad taste, when invited to eat, not to smack one's lips, because this is a sign of appreciation of the meal. I think it will readily be recognized that the simple fact that these habits are customary, while others are not, is sufficient reason for eliminating those acts that are not customary, and that the idea of propriety simply arises from the continuity and automatic repetition of these acts, which brings about the notion that manners contrary to custom are unusual, and therefore not the proper manners. It may be observed in this connection that bad manners are always accompanied by rather intense feelings of displeasure, the psychological reason for which can be found only in the fact that the actions in question are contrary to those which have become habitual. It is fairly evident that in our table manners this strong feeling of propriety is associated with the familiar modes of eating. When a new kind of food is presented, the proper manner of eating which is not known, practically any habit that is not in absolute conflict with the common habits may readily establish itself.

The example of table manners gives also a fairly good instance of secondary explanation. It is not customary to bring the knife to the mouth, and very readily the feeling arises, that the knife is not used in this manner because in eating thus one would easily cut the lips. The lateness of the invention of the fork, and the fact that in many countries dull knives are used and that a similar danger exists of pricking the tongue or the lips with the sharp-pointed steel fork which is commonly used in Europe, show readily that this explanation is only a secondary rationalistic attempt to explain a custom that otherwise would remain unexplained.

If we are to draw a parallel to linguistic phenomena in this case, it would appear that the grouping of a number of unrelated actions in one group, for the reason that they cause a feeling of disgust, is brought about without any reasoning, and still sets off these actions clearly and definitely in a group by themselves.

On account of the importance of this question, it seems desirable to give another example, and one that seems to be more deeply seated than the one given before. A case of this kind is presented in the group of acts which we characterize as modest. It requires very little thought to see that, while the feelings of modesty are fundamental, the particular acts which are considered modest or immodest show immense variation, and are determined entirely by habits that develop unconsciously so far as their relation to modesty is concerned, and which may have their ultimate origin in causes of an entirely different character. A study of the history of costume proves at once that at different times and in different parts of the world it has been considered immodest to bare certain parts of the body. What parts of the body these are, is to a great extent a matter of accident. Even at the present time, and within a rather narrow range, great variations in this respect may be found. Examples are the use of the veil in Turkey, the more or less rigid use of the glove in our own society, and the difference between street costume and evening dress. A lady in full evening dress in a streetcar, during the daytime, would hardly appear in place.

We all are at once conscious of the intensity of these feelings of modesty, and of the extreme repugnance of the individual to any act that goes counter to the customary concepts of modesty. In a number of cases the origin of a costume can readily be traced, and in its development no considerations of modesty exert any influence. It is therefore evident that in this respect the grouping-together of certain customs again develops entirely unconsciously, but that, nevertheless, they stand out as a group set apart from others with great clearness as soon as our attention is directed toward the feelings of modesty.

To draw a parallel again between this ethnological phenomenon and linguistic phenomena, it would seem that the common feature of both is the grouping-together of a considerable number of activities under the form of a single idea, without the necessity of this idea itself entering into consciousness. The difference, again, would lie in the fact that the idea of modesty is easily isolated from other concepts, and that then secondary explanations are given of what is considered modest and what not. I believe that the unconscious formation of these categories is one of the fundamental traits of ethnic life, and that it even manifests itself in many of its more complex aspects; that many of our religious views and activities, of our ethical concepts, and even our scientific views, which are apparently based entirely on conscious reasoning, are affected by this tendency of distinct activities to associate themselves under the influence of strong emotions. It has been recognized before that this is one of the fundamental causes of error and of the diversity of opinion.

It seems necessary to dwell upon the analogy of ethnology and language in this respect, because, if we adopt this point of view, language seems to be one of the most instructive fields of inquiry in an investigation of the formation of the fundamental ethnic ideas. The great advantage that linguistics offer in this respect is the fact that, on the whole, the categories which are formed always remain unconscious, and that for this reason the processes which lead to their formation can be followed without the misleading and disturbing factors of secondary explanations, which are so common in ethnology, so much so that they generally obscure the real history of the development of ideas entirely.

Cases are rare in which a people have begun to speculate about linguistic categories, and these speculations are almost always so clearly affected by the faulty reasoning that has led to secondary explanations, that they are readily recognized as such, and can not disturb the clear view of the history of linguistic processes. In America we find this tendency, for instance, among the Pawnee, who seem to have been led to several of their religious opinions by linguistic similarities. Incidentally such cases occur also in other languages, as, for instance, in Chinook mythology, where the Culture Hero discovers a man in a canoe who obtains fish by dancing, and tells him that he must not do so, but must catch fish with the net, a tale which is entirely based on the identity of the two words for *dancing*, and *catching with a net*. These are cases which show that Max Müller's theory of the influence of etymology upon religious concepts explains some of the religious phenomena, although, of course, it can be held to account for only a very small portion.

Judging the importance of linguistic studies from this point of view, it seems well worth while to subject the whole range of linguistic concepts to a searching analysis, and to seek in the peculiarities of the grouping of ideas in different languages an important characteristic in the history of the mental development of the various branches of mankind. From this point of view, the occurrence of the most fundamental grammatical concepts in all languages must be considered as proof of the unity of fundamental psychological processes. The characteristic groupings of concepts in American languages will be treated more fully in the discussion of the single linguistic stocks. The ethnological significance of these studies lies in the clear definition of the groupings of ideas which are brought out by the objective study of language.

There is still another theoretical aspect that deserves special attention. When we try to think at all clearly, we think, on the whole, in words; and it is well known that, even in the advancement of science, inaccuracy of vocabulary has often been a stumbling-block which has made it difficult to reach accurate conclusions. The same words may be used with different significance, and by assuming the word to have the same significance always, erroneous conclusions may be reached. It may also be that the word expresses only part of an idea, so that owing to its use the full range of the subject-matter discussed may not be recognized. In the same manner the words may be too wide in their significance, including a number of distinct ideas the differences of which in the course of the development of the language were not recognized. Furthermore, we find that, among more primitive tribes, similarities of sound are misunderstood, and that ideas expressed by similar words are considered as similar or identical, and that descriptive terms are misunderstood as expressing an identity, or at least close relationship, between the object described and the group of ideas contained in the description.

All these traits of human thought, which are known to influence the history of science and which play a more or less important rôle in the general history of civilization, occur with equal frequency in the thoughts of primitive man. It will be sufficient to give a few examples of these cases.

One of the most common cases of a group of views due to failure to notice that the same word may signify divers objects, is that based on the belief of the identity of persons bearing the same name. Generally the interpretation is given that a child receives the name of an ancestor because he is believed to be a re-incarnation of the individuality of the ancestor. It seems, however, much more likely that this is not the real reason for the views connected with this custom, which seems due to the fact that no distinction is made between the name and the personality known under the name. The association established between name and individual is so close that the two seem almost inseparable; and when a name is mentioned, not only the name itself, but also the personality of its bearer, appears before the mind of the speaker.

Inferences based on peculiar forms of classification of ideas, and due to the fact that a whole group of distinct ideas are expressed by a single term, occur commonly in the terms of relationship of various languages; as, for instance, in our term *uncle*, which means the two distinct classes of father's brother and mother's brother. Here, also, it is commonly assumed that the linguistic expression is a secondary reflex of the customs of the people; but the question is quite open in how far the one phenomenon is the primary one and the other the secondary one, and whether the customs of the people have not rather developed from the unconsciously developed terminology.

Cases in which the similarity of sound of words is reflected in the views of the people are not rare, and examples of these have been given before in referring to Max Müller's theory of the origin of religions.

Finally, a few examples may be given of cases in which the use of descriptive terms for certain concepts, or the metaphorical use of terms, has led to peculiar views or customs. It seems plausible to my mind, for instance, that the terms of relationship by which some of the eastern Indian tribes designate one another were originally nothing but a metaphorical use of these terms, and that the further elaboration of the social relations of the tribes may have been largely determined by transferring the ideas accompanying these terms into practice.

More convincing are examples taken from the use of metaphorical terms in poetry, which, in rituals, are taken literally, and are made the basis of certain rites. I am inclined to believe, for instance, that the frequently occurring image of *the devouring of wealth* has a close relation to the detailed form of the winter ritual among the Indians of the North Pacific coast, and that the poetical simile in which the chief is called the *support of the sky* has to a certain extent been taken literally in the elaboration of mythological ideas.

Thus it appears that from practical, as well as from theoretical, points of view, the study of language must be considered as one of the most important branches of ethnological study, because, on the one hand, a thorough insight into ethnology can not be gained without practical knowledge of language, and, on the other hand, the fundamental concepts illustrated by human languages are not distinct in kind from ethnological phenomena; and because, furthermore, the peculiar characteristics of languages are clearly reflected in the views and customs of the peoples of the world.

5 CHARACTERISTICS OF AMERICAN LANGUAGES

In older treatises of the languages of the world, languages have often been classified as isolating, agglutinating, polysynthetic, and inflecting languages. Chinese is generally given as an example of an isolating language. The agglutinating languages are represented by the Ural-Altaic languages of northern Asia; polysynthetic languages, by the languages of America; and inflecting languages, by the Indo-European and Semitic languages. The essential traits of these four groups are: That in the first, sentences are expressed solely by the juxtaposition of unchangeable elements; in the agglutinating languages, a single stem is modified by the attachment of numerous formative elements which modify the fundamental idea of the stem;

in polysynthetic languages, a large number of distinct ideas are amalgamated by grammatical processes and form a single word, without any morphological distinction between the formal elements in the sentence and the contents of the sentence; and in the inflecting languages, on the other hand, a sharp distinction is made between formal elements and the material contents of the sentence, and stems are modified solely according to the logical forms in which they appear in the sentence.

An example of what is meant by polysynthesis is given, for instance, in the following Eskimo word: *takusariartorumagaluarnerpâ?* DO YOU THINK HE REALLY INTENDS TO GO TO LOOK AFTER IT? (*takusar*[*pâ*]) he looks after it; -*iartor*[*poq*] he goes to; -*uma*[*voq*] he intends to; -[*g*]*aluar*[*poq*] he does so—but; -*ner*[*poq*] do you think he—; -*â*, interrogation, third person.) It will be recognized here, that there is no correspondence between the suffixed elements of the fundamental stem and the formal elements that appear in the Indo-European languages, but that a great variety of ideas are expressed by the long series of suffixes. Another example of similar kind is the Tsimshian word *t-yuk-ligi-lo-d'EP-dāLEt* HE BEGAN TO PUT IT DOWN SOMEWHERE INSIDE (*t*, he; *yuk* to begin; *ligi* somewhere; *lo* in; *d'EP* down; *dā*L to put down; *-t* it).

American languages have also been designated as incorporating languages, by which is meant a tendency to incorporate the object of the sentence, either nominal or pronominal, in the verbal expression. Examples of this tendency are the Mexican *ni-petla-tšiwa* I MAKE MATS (*petla-tl* mat); or the Pawnee *t*A*-t-î'tka'wit* I DIG DIRT (*t*A- indicative; *t-* I; *î'tkā*r^u dirt; *-pīt* to dig [*rp* in contact, form '*w*]); or the Oneida *g-nagla'-sl-i-zak-s* I SEARCH FOR A VILLAGE (*g-* I; *-nagla'* to live; *-sl-* abstract noun; *-i-* verbal character; *-zak* to search; *-s* continuative).

A more thorough knowledge of the structure of many American languages shows that the general designation of all these languages as polysynthetic and incorporating is not tenable. We have in America a sufficiently large number of cases of languages in which the pronouns are not incorporated, but joined loosely to the verb, and we also have numerous languages in which the incorporation of many elements into a single word hardly occurs at all. Among the languages treated here, the Chinook may be given as an example of lack of polysynthesis. There are very few, if any, cases in which a single Chinook word expresses an extended complex of ideas, and we notice particularly that there are no large classes of ideas which are expressed in such form that they may be considered as subordinate. An examination of the structure of the Chinook grammar will show that each verbal stem appears modified only by pronominal and a few adverbial elements, and that nouns show hardly any tendency to incorporate new ideas such as are expressed by our adjectives. On the other hand, the Athapascan and the Haida and Tlingit may be taken as examples of languages which, though polysynthetic in the sense here described, do not readily incorporate the object, but treat both pronominal subject and pronominal object as independent elements. Among the languages of northern North America, the Iroquois alone has so strong a tendency to incorporate the nominal object into the verb, and at the same time to modify so much its independent form, that it can be considered as one of the characteristic languages that incorporate the object. To a lesser extent this trait belongs also to the Tsimshian, Kutenai, and Shoshone. It is strongly developed in the Caddoan languages. All the other incorporating languages treated here, like the Eskimo, Algonquian, and Kwakiutl, confine themselves to a more or less close incorporation of the pronominal object. In Shoshone, the incorporation of the pronominal object and of the nominal object is so weak that it is almost arbitrary whether we consider these forms as incorporated or not. If we extend our view over other parts of America, the same facts appear clearly, and it is not possible to consider these two traits as characteristics of all American languages.

On the other hand, there are certain traits that, although not common to all American languages, are at least frequent, and which are not less characteristic than the tendency to objective incorporation and to polysynthesis. The most important of these is the tendency to divide the verb sharply into an active and a neutral class, one of which is closely related to the possessive forms of the noun, while the other is treated as a true verb. We might perhaps say that American languages have a strong tendency to draw the dividing line between denominating terms and predicative terms, not in the same way that we are accustomed to do. In American languages many of our predicative terms are closely related to nominal terms, most frequently the neutral verbs expressing a state, like *to sit*, *to stand*. These, also, often include a considerable number of adjectives. On the other hand, terms expressing activities—like *to sing*, *to eat*, *to kill*—are treated as true predicative terms. The differentiation of these two classes is generally expressed by the occurrence of an entirely or partially separated set of pronouns for the predicative terms.

Beyond these extremely vague points, there are hardly any characteristics that are common to many American languages. A number of traits, however, may be enumerated which occur with considerable frequency in many parts of America.

The phonetic systems of American languages differ very considerably, but we find with remarkable frequency a peculiar differentiation of voiced and unvoiced stops,—corresponding to our *b, p; d, t; g, k*,—which differ in principle from the classification of the corresponding sounds in most of the European languages. An examination of American vocabularies and texts shows very clearly that all observers have had more or less difficulty in differentiating these sounds. Although there is not the slightest doubt that they differ in character, it would seem that there is almost everywhere a tendency to pronounce the voiced and unvoiced sounds with very nearly equal stress of articulation, not as in European languages, where the unvoiced sound is generally pronounced with greater stress. This equality of stress of the two sounds brings it about that their differences appear rather slight. On the other hand, there are frequently sounds, particularly in the languages of the Pacific coast, in which a stress of articulation is used which is considerably greater than any stresses occurring in the languages with which we are familiar. These sounds are generally unvoiced; but a high air-pressure in the oral cavity is secured by closing the glottis and nares, or by closing the posterior part of the mouth with the base of the tongue. The release at the point of articulation lets out the small amount of strongly compressed air, and the subsequent opening of glottis and nares or base of tongue produces a break in the continuity of sound.

We find also with particular frequency the occurrence of a number of lingual stops corresponding more or less strictly to our *k* sounds which, however, are more finely differentiated than our *k* sounds. Thus the velar *k*, which is so characteristic of Semitic languages, occurs with great frequency in America. On the other hand, the labio-dental *f* seems to be rather rare, and where a similar sound occurs it is often the bilabial sound.

The same may be said of the *r*, which on the whole is a rare sound in American languages, and the trill of which is almost always so weak that it merges into the *d*, *n*, *l*, or *y*, as the case may be.

On the whole, the system of consonants of American languages is well developed, particularly owing to the occurrence of the three stresses to which I referred before, instead of the two with which we are more familiar. In some groups of languages we have also a quite distinct set of stops accompanied by full breathing, which correspond to the English surds. Furthermore, a peculiar break, produced by closing the vocal chords, occurs quite commonly, not only in connection with sonants, but also following or preceding vowels or affricative consonants. This intonation is sometimes quite audible, and sometimes merely a break or hiatus in the continuity of pronunciation. Sometimes it seems related to the pronunciation of a voiced consonant in which the voicing is preceded by a closure of the vocal chords. In other cases it seems related to the production of the great stress of articulation to which I referred before. For instance, in a strong *t* the tongue may be pressed so firmly against the palate that all the articulating organs, including the vocal chords, take part in the tension, and that the sudden expulsion of the air is accompanied also by a sudden relaxation of the vocal chords, so that for this reason the strong, exploded sound appears to be accompanied by an intonation of the vocal chords.

As stated before, these traits are not by any means common to all American languages, but they are sufficiently frequent to deserve mention in a generalized discussion of the subject.

On the other hand, there are languages which are exceedingly deficient in their phonetic system. Among these may be mentioned, for instance, the Iroquois, which possesses not a single true labial consonant; or the Haida, in which the labials are confined to a few sounds, which are rather rare.

The vocalic systems of the northern languages seem peculiarly uncertain. The cases are very numerous in which obscure vowels occur, which are evidently related to fuller vowels, but whose affiliations often can not be determined. It would seem that in the southern languages these weak vowels are not so prominent. We also find very frequently a lack of clear distinction between *o* and *u* on the one hand, and *e* and *i* on the other. Although the variability of vowels in some of the languages seems beyond doubt, there are others in which the vocalic system is very definite and in which distinctions are expressed, not only by the timbre of the vowel, but also by its rising or falling tone. Among these may be mentioned the Pawnee and the Takelma. The Pawnee seems to have at least two tones, a sinking tone and a rising tone, while in Takelma there seem to be three tones. Nasalized vowels are very common in some languages, and entirely absent in others. This nasalization occurs both with open lips and with closed lips. An example of the latter is the Iroquois u^m.

It is not possible to give any general characterization of American languages with regard to the grouping of sounds. While in some languages consonantic clusters of incredible complexity are formed, others avoid such clusters altogether. There is, however, a habit of pronunciation which deserves attention, and which is found very widely distributed. This is the slurring of the ends of words, which is sometimes so pronounced, that, in an attempt to write the words, the terminations, grammatical or other, may become entirely inaudible. The simplest form in which this tendency expresses itself is in the suppression of terminal consonants, which are only articulated, but not pronounced. In the Nass river dialect of the Tsimshian, for instance, the terminal *n* of the word *gan* TREE is indicated by the position of the tongue, but is entirely inaudible, unless the word is followed by other words belonging to the same sentence. In that language the same is true of the sounds *l* and *m*. Vowels are suppressed in a similar manner by being only indicated by the position of the mouth, without being articulated. This happens frequently to the *u* following a *k*, or with an *i* in the same position. Thus, the Kwakiutl pronounce *wā'dᴇk*^{u}. If, however, another vowel follows, the *u* which is not articulated appears as a *w*, as in the form *wā'dᴇkwa*.

The slurring, however, extends over whole syllables, which in these cases may appear highly modified. Thus, in the Oneida dialect of the Iroquois, a peculiar *l* sound is heard, which presumably occurs only in such slurred syllables. It is very remarkable that the Indians of all tribes are perfectly conscious of the phonetic elements which have thus been suppressed, and can, when pressed to do so, pronounce the words with their full endings.

Another trait that is characteristic of many American languages, and that deserves mention, is the tendency of various parts of the population to modify the pronunciation of sounds. Thus we find that among some Eskimo tribes the men pronounce the terminal *p, t, k*, and *q* distinctly, while the women always transform these sounds into *m, n, ñ*, and *ṇ̃*. In some dialects the men have also adopted this manner of pronouncing, so that the pronunciation has become uniform again. Such mannerisms, that are peculiar to certain social groups, are of course not entirely foreign to us, but they are seldom developed in so striking a manner as in a few of the Indian languages.

In many American languages we find highly developed laws of euphony,—laws by which, automatically, one sound in a sentence requires certain other sounds either to precede or to follow it. In the majority of cases these laws of euphony seem to act forward in a manner that may be compared to the laws of vowel harmony in the Ural-Altaic languages. Particularly remarkable among these laws is the influence of the *o* upon following vowels, which occurs in a few languages of the Pacific coast. In these, the vowels following an *o* in the same word must, under certain conditions, be transformed into *o* vowels, or at least be modified by the addition of a *w*. Quite different in character are the numerous influences of contact of sounds, which are very pronounced in the Siouan languages, and occur again in a quite different form in the Pawnee. It may be well to give an example of these also. Thus, in Dakota, words ending with an *a* and followed by a word beginning with a *k* transform the former into *e*, the latter into *č*. In Pawnee, on the other hand, the combination *tr* is always transformed into an *h; b* following an *i* is generally changed into a *w; rp* becomes *hw*, etc. While in some languages these phonetic changes do not occupy a prominent place, they are exceedingly important in others. They correspond in a way to the laws of euphony of Sanskrit.

Just as much variety as is shown in phonetic systems is found in the use of grammatical devices. In discussing the definition of the word, it has been pointed out that in some American languages the word-unit seems to be perfectly clear and consistent, while in others the structure of the sentence would seem to justify us in considering it as composed of a number of independent elements combined by juxtaposition. Thus, languages which have a polysynthetic character have the tendency to form firmly knit word-units, which maybe predicative sentences, but may also be used for denominative purposes. For example, the Chinook may say, *He runs into the water*, and may designate by this term *the mink;* or the Hupa may say *They have been laid together*, meaning by this term *a fire*. On the other hand, there are innumerable languages in America in which expressions of this kind are entirely impossible.

In forming words and sentences, affixes are used extensively, and we find prefixes, as well as suffixes and infixes. It is not absolutely certain that cases occur in America where true infixing into a stem takes place, and where it might not be better explained as an insertion of the apparently infixed element into a compound stem, or as due to secondary phonetic phenomena, like those of metathesis; but in the Siouan languages at least, infixion in bisyllabic stems that are apparently simple in their origin occurs. Otherwise, suffixing is, on the whole, more extensively used than prefixing; and in some languages only one of these two methods is used, in others both. There are probably no languages in which prefixing alone occurs.

Change of stem is also a device that is used with great frequency. We find particularly that methods of reduplication are used extensively. Modifications of single sounds of the stem occur also, and sometimes in peculiar form. Thus we have cases, as in Tsimshian, where the lengthening of a vowel indicates plurality; or, as in Algonquian, where modality is expressed by vocalic modification; and, as in Chinook, where diminutive and augmentative are expressed by increasing the stress of consonants.

Sometimes an exuberance of reduplicated forms is found, the reduplicated stem being reduplicated a second and even a third time. On the other hand, we find numerous languages in which the stem is entirely unchangeable, excepting so far as it may be subject to phonetic contact phenomena.

The following grammatical sketches have been contributed by investigators, each of whom has made a special study of the linguistic stock of which he treats. The attempt has been made to adopt, so far as feasible, a uniform method of treatment, without, however, sacrificing the individual conception of each investigator.

In accordance with the general views expressed in the introductory chapters, the method of treatment has been throughout an analytical one. No attempt has been made to compare the forms of the Indian grammars with the grammars of English, Latin, or even among themselves; but in each case the psychological groupings which are given depend entirely upon the inner form of each language. In other words, the grammar has been treated as though an intelligent Indian was going to develop the forms of his own thoughts by an analysis of his own form of speech.

It will be understood that the results of this analysis can not be claimed to represent the fundamental categories from which the present form of each language has developed. There is not the slightest doubt that, in all Indian languages, processes have occurred analogous to those processes which are historically known and to which the modern forms of Indo-European languages owe their present forms. Grammatical categories have been lost, and new ones have developed. Even a hasty comparison of the dialects of various American linguistic families gives ample proof that similar processes have taken place here. To give an example, we find that, in the Ponca dialect of the Siouan languages, nouns are classified according to form, and that there is a clear formal distinction between the subject and the object of the sentence. These important features have disappeared entirely in the Dakota dialect of the same group of languages. To give another example, we find a pronominal sex gender in all the dialects of the Salishan stock that are spoken west of the Coast range in the states of Washington and in British Columbia, while in the dialects of the interior there is no trace of gender. On the other hand, we find in one of the Salish dialects of the interior the occurrence of an exclusive and inclusive form of the pronoun, which is absent in all the other dialects of the same stock. We have no information on the history of American languages, and the study of dialects has not advanced far enough to permit us to draw far-reaching inferences in regard to this subject. It is therefore impossible, in the few cases here mentioned, to state whether the occurrence and non-occurrence of these categories are due to a loss of old forms in the one dialect or to a later differentiation in the other.

Although, therefore, an analytical grammar can not lay any claim to present a history of the development of grammatical categories, it is valuable as a presentation of the present state of grammatical development in each linguistic group. The results of our investigation must be supplemented at a later time by a thorough analysis and comparison of all the dialects of each linguistic stock.

Owing to the fundamental differences between different linguistic families, it has seemed advisable to develop the terminology of each independently of the others, and to seek for uniformity only in cases where it can be obtained without artificially stretching the definition of terms. It is planned to give a comparative discussion of the languages at the close of these volumes, when reference can be made to the published sketches.

So far as our present knowledge goes, the following linguistic families may be distinguished in North America north of Mexico:

1. Eskimo (arctic coast).

2. Athapascan (northwestern interior, Oregon, California, Southwest).

3. Tlingit (coast of southern Alaska).

4. Haida (Queen Charlotte islands, British Columbia).

5. Salishan (southern British Columbia and northern Washington).

6. Chemakum (west coast of Washington).

7. Wakashan (Vancouver island).

8. Algonquian (region south of Hudson Bay and eastern Woodlands).

9. Beothuk (Newfoundland).

10. Tsimshian (northern coast of British Columbia).

11. Siouan (northern plains west of Mississippi and North Carolina) .

12. Iroquoian (lower Great Lakes and North Carolina).

13. Caddoan (southern part of plains west of Mississippi).

14. Muskhogean (southeastern United States).

15. Kiowa (middle Western plains).

16. Shoshonean (western plateaus of United States).

17. Kutenai (southeastern interior of British Columbia).

18. Pima (Arizona and Sonora).

19. Yuma (Arizona and lower California).

20. Chinook (lower Columbia river).

21. Yakona (Yaquina bay).

22. Kus (coast of central Oregon).

23. Takelma (Rogue river, Oregon).

24. Kalapuya (Willamette valley, Oregon).

25. Waiilaptuan (Cascade range east of Willamette, Ore.).

26. Klamath (southeastern interior of Oregon).

27. Sahaptin (interior of Oregon).

28. Quoratean (Klamath river).

29. Weitspekan (lower Klamath river).

30. Shasta (northeast interior of California).

31. Wishok (north coast of California).

32. Yana (eastern tributaries of upper Sacramento river, California).

33. Chimarico (head waters of Sacramento river, California).

34. Wintun (valley of Sacramento river).

35. Maidu (east of Sacramento river).

36. Yuki (north of Bay of San Francisco).

37. Pomo (coast north of Bay of San Francisco).

38. Washo (Lake Washoe, Nevada, and California).

39. Moquelumnan (east of lower Tulare river, California).

40. Yokuts (southern Tulare river, California).

41. Costanoan (south of Bay of San Francisco, California).

42. Esselenian (coast of southern California).

43. Salinan (coast of southern California).

44. Chumashan (coast of southern California).

45. Tanoan
46. Zuñi
47. Keres } (Pueblos of New Mexico and Arizona).

48. Pakawan (from Cibolo creek, Texas, into the state of Coahuila, Mexico).

49. Karankawa (coast of Gulf of Mexico west of Atakapa).

50. Tonkawa (inland from preceding).

51. Atakapa (coast of Gulf of Mexico west of Chitimacha),

52. Chitimacha (coast of Gulf of Mexico west of Mississippi).

53. Tunica (coast of Gulf of Mexico west of Mississippi).

54. Yuchi (east Georgia).

55. Timuqua (Florida).

附 录 词汇对照表

abstract form 抽象形式
abstract idea 抽象概念
abstract term 抽象词项
abstract thought 抽象思维
active class 积极类
adjective 形容词
adverbial element 副词性成分
affricative 塞擦音
African 非洲的
African race 非洲种族
agglutinating language 黏着语
Ainu 阿伊努人
Alaska 阿拉斯加
Algonquian 阿尔贡金语
Alpine type 阿尔卑斯山类型
America 美洲
American 美洲人种
analytical grammar 分析语法
anatomical characteristic 解剖学特征
anatomical type 解剖学类型
ancestral form 祖先形式
ancestral language 祖先语言
ancestral tongue 祖先语言
Anglo-Saxon 盎格鲁-撒克逊人
animate 有生命的
animate at rest 有生命且静止的
animate moving 有生命且移动的
anthropomorphic character 拟人化特点
anthropomorphic form 拟人化形式
apposition 同位语
Arabia 阿拉伯半岛
Arctic 北极

Arizona 亚利桑那州
article 冠词
articulate sound 分节的音
articulate speech 分节语言
articulating organ 发音器官
articulation 发音
artificiality 人为性
Aryan 雅利安
aspirate 送气音
assimilation 同化作用
Atakapa 阿泰卡帕
Athapascan 阿撒巴斯卡，阿撒巴斯卡人
auditory impression 听觉印象
augmentative 增大
Australian 澳大利亚人
Australian type 澳大利亚人种类型
automatic 无意识的
Bantu 班图语
Bantu negroes 班图黑种人
Basque languages 巴斯克语
belief 信仰
Beothuk 比沃苏克
Bering strait 白令海峡
bilabial sound 双唇音
biological transformation 生物演化
biological unit 生物学单位
bisyllabic stem 双音节词干
black 黑种人
bliss 幸福
blood 血统
blood-relationship 血缘关系
Blumenbach 布鲁门巴赫
bodily form 体格形态
brain 大脑
Brazil 巴西
break 间歇
British Columbia 英属哥伦比亚
Bushmen 布须曼人
Caddoan languages 喀多语
California 加利福尼亚州
Cascade range 喀斯开山脉
case 格
case-expression 格的表达

case-relationship 格关系
Caucasian 高加索人种
Celtic 凯尔特语
Central Europe 中欧
Ceylon 锡兰
change of stem 改变词干
Chemakum 彻默库母
chief interest 主要利益
Chimarico 赤默瑞克
Chinese culture 中国文化
Chinook 切努克语
Chitimacha 奇蒂马查
Chukchee 楚克其人
Chumashan 楚马申
Cibolo creek 西博洛溪
clause 从句
click 吸气音
co-ordinate 并列的
Coast range 海岸山脉
collectivity 集体
colloquial and written modern English 现代英语的口语和书面语
Columbia river 哥伦比亚河
Columbus 哥伦布
combination 组合
comparative linguistics 比较语言学
complete concept 完整的思想
complete idea 完整的思想
complex of ideas 概念的综合体
compound stem 复合词干
compound word 复合词
concept 概念
conjunction 连词
consciousness 意识
conservatism 保守主义
consonant 辅音
consonantic cluster 辅音簇
constituent phonetic element 语音构成成分
contact of sound 音的接触
context 上下文
continued 连续音
conversation 会话
Costanoan 科斯塔诺
cultural element 文化元素

cultural state 文化状态
culture 文化
Culture Hero 文化英雄
custom 风俗
Cuvier 居维叶
Dakota 达科他语
dark 深色
definite group 限定的群组
demonstrative pronoun 指示代词
denominating term 指称性词项
derivation 派生形式
derivative 派生词
descent 血统
descriptive term 描写性词项
descriptive word 描写性的词
diacritical mark 变音符
dialect 同源语，方言
dictionary 词典
diminutive 减小
discourse 话语
dissemination 散播
distribution 分布
distributive form 分布形式
dual 双数
durative 持续态
east African languages 东非语言
element of speech 语言成分
elementary idea 基本概念
elementary phonetic group 基本语音组
emotional state 情绪状态
end of word 词的末尾
ending 词尾
English 英语
epiglottis 会厌
Eskimo 爱斯基摩语
Esselenian 埃塞林尼安
ethical concept 道德概念
Ethiopian 埃塞俄比亚人种
ethnic idea 民族概念
ethnic life 民族生活
ethnography 民族志学
ethnological science 民族科学
ethnologist 民族学者
ethnology 民族学
etymological process 词源过程

etymology 词源学
European 欧洲的
European type 欧洲类型
evening dress 晚礼服
exclusive first person plural 排除式第一人称复数
Farther India 印度支那
feminine 阴性
Florida 佛罗里达州
foreign designation 外来名称
foreign element 外来的成分
form 形式
form-classification 形式分类
formal element 形式成分
formative element 构词成分
fortis 强音
Fox 福克斯人
French 法语
Frenchman 法国人
Friederich Müller 弗里德里希·缪勒
fundamental category 基本范畴
future 未来
gender 性
general idea 一般的概念
generalized expression 一般化表达
generalized thought 一般化思维
genetic relationship 亲缘关系
Georgia 乔治亚州
German 德国人
gesture-language 手语
glottis 声门
Gobineau 戈宾诺
good manner 礼貌
goodness 善
goodness as such 善本身
grammar 语法
grammatical concept 语法概念
grammatical device 语法手段
grammatical form 语法形式
grammatical process 语法手段
grammatical structure 语法结构
Great Plains 大平原
Greek 希腊语
Gulf of Mexico 墨西哥湾
Haida 海达语

Hamitic 哈姆人
heterogeneous 异质
hiatus 间断
historical relationship 历史关系
historical study 历史研究
holophrasis 词句
Hottentots 霍屯督语，霍屯督人
human faculty 人类禀赋
human speech 人类语言
human thought 人类思维
Huxley 赫胥黎
idea 概念
idea of possession 领属概念
identity 同一性
idiomatic expression 惯用的表达式
image 比喻
imagery 意象
imitation 模仿
imperative 祈使语气
inanimate 无生命的
inanimate collective object 无生命的集合对象
inanimate high 无生命且高的
inanimate long 无生命且长的
inanimate object 无生命对象
inanimate round 无生命且圆的
incantation 咒语
inchoative 始动态
incisor 门牙
inclusive first person plural 包括式第一人称复数
incorporating language 合成语
indefinite group 不定的群组
independent origin 独立的起源
India 印度
Indian 印第安人
Indian tribe 印第安部落
Indian-English 印度裔英国人
indicative 陈述语气
indicative form 陈述形式
Indies 印度地区
indirect object 间接宾语
Indo-European languages 印欧语
inertia 惰性
infinitive ending 不定式词尾

infix 中缀
inflecting language 屈折语
initial sound 首音
inner form 内部形式
instrument 工具
intermarriage 通婚
intermediate sound 中间音
interrogative form 疑问形式
intonation 音调
invisibility 不可见性
Iroquois 易洛魁语，易洛魁人
isolating language 孤立语
isolation of sound 音的分离
Israel 以色列
Italian 意大利人
James Owen Dorsey 詹姆斯·欧文·多尔西
James Teit 詹姆斯·泰特
Japan 日本
Japanese 日本人
juxtaposition 并置
Kalapuya 卡拉普亚
Karankawa 卡兰卡瓦
Keres 凯瑞斯
Kiowa 基奥瓦
Klamath 克拉马斯
Klamath river 克拉马斯河
Klemm 克列姆
Kus 库斯
Kutenai 库特奈语
Kwakiutl 夸扣特尔语
labial 唇音
labial consonant 唇辅音
labio-dental 唇齿
Lake Washoe 瓦肖湖
language 语言
larynx 喉部
Latin 拉丁语
law of euphony 谐音规律
law of vowel harmony 元音和谐规律
laws of language 语言规律
Lepsius 莱普修斯
lexicography 词典学
light 浅色
lingual stop 舌塞音

linguistic category 语言学范畴
linguistic concept 语言学概念
linguistic device 语言手段
linguistic expression 语言表达
linguistic family 语系
linguistic group 语言群组
linguistic material 语言材料
linguistic process 语言手段
linguistic stock 语系
linguistic unit 语言学单位
lip 唇
literatures 文献
loan word 借词
logical form 逻辑形式
lower California 下加利福尼亚半岛
lower Chinook 下切努克语
lower Great Lakes 大湖南区
lower Mississippi 密西西比河下游
Mackenzie basin 马更些盆地
Mackenzie river 马更些河
Magyar 马扎尔人
Maidu 麦都
Malay 马来人种
Malaysia 马来西亚
masculine 阳性
material content 实质内容
meaning 意义
medieval Europe 中世纪欧洲
Meinhoff 曼霍夫
melanochroic race 淡黑白色人种
mental image 精神意象
mental life 精神生活
mental phenomena 精神现象
metaphor 隐喻
metaphorical use 隐喻性用法
metathesis 音位转换
Mexican 墨西哥语
modal 情态的
modality 形态
mode 语气
mode of life 生活方式
modest 谦逊
modification 修改，变异
modifying element 修改成分
Mohammedan 伊斯兰教徒

Mongolian 蒙古人种
mood 语气
Moquelumnan 默克勒姆南
morphological similarity 词法相似性
morphological treatment 词法论述
morphology 词法
Mount St. Elias 圣伊莱亚斯山
muscular movement 肌肉动作
muscular sensation 肌肉感知
musical means of communication 音乐性的交际手段
Muskhogean 马斯科吉
mythological matter 神话内容
nasal consonant 鼻辅音
nasalization 鼻音化
nasalized vowel 鼻化的元音
Nass river dialect 纳斯河方言
native word 本土词
natural unit 自然单位
nearness 临近性
negation 否定
negative form 否定形式
neighboring languages 临近的语言
nervous system 神经系统
neuter 中性
neutral class 中性类
neutral verb 中性动词
Nevada 内华达州
New Guinea 新几内亚岛
New Mexico 新墨西哥州
new word 新词
New World 新世界
Newfoundland 纽芬兰
noise 噪音
nominal category 名词范畴
nominal form 名词形式
nominal term 名词性词项
Norman 诺曼
Norse 挪威
North Africa 北非
North America 北美洲
North Carolina 北卡罗来纳州
North Pacific 北太平洋
north-European type 北欧类型
nose 鼻

not-self 他人
noun 名词
Nova Scotia 新斯科舍
number 数
numeral system 数字系统
object 客体
objective incorporation 宾语合并
objective picture 客观的图景
obscure vowel 模糊元音
Old World 旧世界
Omaha 奥马哈人
Oneida 奥奈达语
Oneida dialect 奥奈达方言
oral cavity 口腔
oratory 演讲术
Oregon 俄勒冈州
organic connection 有机联系
origin of language 语言的起源
P. W. Schmidt P. W. 施密特
Pakawan 帕卡宛
palate 腭
parent language 母语言
parental type 母类型
particle 小品词
past 过去
Paul 保罗
Pawnee 波尼语，波尼人
periphrastic form 委婉形式
permanence of form 形式固定性
person 人称
person addressed 听话的人
person spoken of 谈到的人
personal pronoun 人称代词
pharynx 咽部
philological research 语文学研究
philology 语文学
philosophic problem 哲理性的问题
philosophic thought 哲学思维
phonetic change 语音变化
phonetic complex 语音复合体
phonetic contact 语音接触
phonetic difficulty 语音的困难性
phonetic element 语音元素
phonetic group 语音组
phonetic similarity 语音相似性

phonetic system 语音系统
phonetic weakness 语音虚弱性
physical type 体格类型
Pima 皮玛
plural 复数
plurality 复数
poetic phrase 诗性的语句
poetical simile 诗性比喻
poetry 诗歌
points of the compass 罗盘的 32 个方位
polysynthesis 复综
polysynthetic language 复综语
Pomo 波莫
Ponca 彭加语，彭加人
Portuguese 葡萄牙人，葡萄牙语
positive verb 肯定动词
possessive 所有格
possessive element 所有格成分
possessive expression 所有关系表达式
power of seeing 观察力
practical knowledge 实用知识
prayer 祈祷
predicate 谓语
predicative sentence 叙述句
predicative term 谓词性词项
preposition 介词
prepositional expression 前置词表达式
presence 当前
primitive art 原始艺术
primitive culture 原始文化
primitive language 原始语言
primitive law 原始法律
primitive man 原始人
primitive music 原始音乐
primitive speech 原始语言
primitive tribe 原始部落
primitive type 原始体格类型
pronominal element 代词性成分
pronominal form 代词性形式
pronominal sex gender 代词的性范畴
pronoun 指代词
propriety 礼貌规矩

psychic trait 精神特征
psychological grouping 心理分类
psychological process 心理过程
psychology 精神
Pueblo 普韦布洛人
pure vowel 纯元音
Quoratean 卡罗克
race 种族
racial unit 种族单位
re-incarnation 转世再生
re-interpretation 再解释
reduplication 重叠法
regularity 规律性
religious activity 宗教活动
religious notion 宗教概念
resonance 共振
resonant sound 共鸣音
rhythm 韵律
rising tone 升调
ritual 宗教仪式
Rocky mountains 落基山脉
Rogue river 罗格河
S. R. Riggs S. R. 里格斯
Sacramento river 萨克拉门托河
sacred musical instrument 神圣乐器
Sahaptin 萨哈泼丁
Salinan 萨利南
Salish family 撒利希语系
Salishan stock 萨利希语系
Sanskrit 梵语
Sauk 索克人
scientific view 科学观念
Scotch 苏格兰语
secondary analysis 继发性分析
secondary reflex 继发性反映
self 自己
semi-nasalized consonant 半鼻音化的辅音
semi-temporal 准时态
semi-vowel 半元音
Semitic languages 闪族语
sense-impression 感官印象
sentence 句子
separation of word 分词
sex 性别

sex principle 性的准则
sex system 性的系统
Shasta 夏斯塔
Shoshone 肖松尼语
Shoshonean 肖松尼
Siberia 西伯利亚
significance 意义
similarity of vocabulary 词汇相似性
Singhalese 僧伽罗人
singular 单数
sinking tone 降调
Siouan languages 苏族语言
Sioux 苏族语
Slav 斯拉夫人
social relation 社会关系
soft palate 软腭
sonant 浊音
Sonora 索诺拉
sound 音
sound-cluster 音簇
sound-complex 音的复合体
South Africa 南非
South America 南美洲
south-European type 南欧类型
southern Asia 南亚
Spanish 西班牙人，西班牙语
speaker 说话者
specializing element 专门成分
species 品种
speech 语言，讲演
spirant 擦音
sporadic resemblance 偶发的相似性
standard of value 价值标准
state of Coahuila 科阿威拉州
State of Washington 华盛顿州
stop 塞音
Strait of Fuca 富卡海峡
street costume 街头服装
stress 重音，力度
stricture 紧束
style 风格
subject 主语，主体
subordinate part 从属部件
subordination 从属关系

substantive 体词
suppression 抑制
surd 清音
syllable 音节
symbol 符号
syntactic combination 句法组合
syntactic form 句法形式
syntax 句法
system of category 范畴体系
system of counting 计数系统
system of pronoun 代词系统
table manner 餐桌礼仪
Takelma 塔克尔马语
Tanoan 塔努安
teeth 牙齿
temporal 时态的
temporal idea 时态概念
tense 时态
tense class 时态类别
tense concept 时态概念
tense relation 时态关系
term 词项
terminal sound 尾音
termination 末尾
terminology 术语
terms of relationship 亲属称谓词项
Texas 德克萨斯州
text 文本
text collections 文本集
the first person 第一人称
the second person 第二人称
the third person 第三人称
the United States 美国
third person singular 第三人称单数
Thompson Indians 汤普森印第安人
three persons 三种人称
timbre 音色
Timuqua 梯默夸
tinge 色调
Tlingit 特里吉特语
tone 声调
tongue 舌，语言
Tonkawa 通卡瓦

trade-jargon 贸易行话
trade-language 贸易语言
transitional 过渡态
transitional sound 过渡音
transitive verb 及物动词
trill 颤音
Tsimshian 钦西安语
Tulare river 图来瑞河
Tungus 通古斯人
Tunica 蒂尼卡
Turkey 土耳其
Turkish 土耳其语
type 类型
Uchee 优奇语
umlaut 元音变音
unconscious origin 无意识起源
underground house 地下住所
unidiomatic 非惯用的
unit of speech 语言的单位
unvoiced stop 清塞音
Ural-Altaic languages 乌拉尔-阿尔泰语
Vancouver Island 温哥华岛
variability 易变性
variation 变体
Veddah 维达人
velum 软腭
verb of motion 动作动词
verbal complex 动词复合体
verbal ending 动词词尾
verbal expression 动词表达式
verbal form 动词形式
vibration 振动
visibility 可见性
vocabulary 词汇
vocal chord 声带
vocalic system 元音系统
voice 语态
voiced consonant 浊音
voiced stop 浊塞音
voluntary power 自发力量
vowel 元音
Waiilaptuan 威乐普安
Washo 瓦肖
weak vowel 弱元音
Weitspekan 维特斯拜肯

western Asia 西亚
white 白种人
Willamette 威廉密特河
Willamette valley 威廉密特谷
William Jones 威廉·琼斯
winter ritual 冬季仪式
Wintun 温顿
Wishok 威绍克
word 词
word composition 词的结构
word-unit 词单位
xanthochroic race 黄白人种
Yakona 雅科纳
Yana 雅拿
Yaquina bay 雅奎纳湾
yellow 黄种人
Yokuts 约库特
Yuchi 优奇
Yukaghir 尤卡吉尔人
Yuki 裕凯
Yuma 尤马
Zuñi 祖尼